Lanxi Zhu

Elizabeth Borton de Treviño

Je suis Juan de Pareja

né esclave à Séville,
élève en secret de Velázquez,
peintre malgré tout

Traduit de l'américain par Tessa Brisac

Médium
l'école des loisirs
11, rue de Sèvres, Paris 6ᵉ

© 1989, l'école des loisirs, Paris, pour l'édition française
© 1965, Elizabeth Borton de Treviño
Titre de l'édition originale : « I Juan de Pareja »
(Farra, Straus & Giroux, New York)
Loi n° 49.956 du 16 juillet 1949 sur les publications
destinées à la jeunesse : octobre 2011
Dépôt légal : octobre 2011
Imprimé en France par CPI Firmin Didot
à Mesnil-sur-l'Estrée (107688)

ISBN 978-2-211-20822-2

*À ma très chère amie
Virginia Rice*

AVANT-PROPOS

La première moitié du XVIIe siècle est encore tout illuminée de l'éclat des noms qui symbolisent plus que tout autre le courage, l'art, la science et la gloire. C'est l'époque de la maturité de Shakespeare, celle de Richelieu, de sir Walter Raleigh et du *Don Quichotte* de Cervantes. C'est l'époque de Descartes et de Spinoza, celle des premiers tsars Romanov et de saint Vincent de Paul. Rembrandt, Rubens et Van Dyck peignent alors aux Pays-Bas; Galilée, Newton et Harvey commencent d'élaborer les connaissances scientifiques qui vont bouleverser notre conception du monde matériel. Corneille, Racine et Molière écrivent en France, et Louis XIV est sur le point de monter sur le trône.

En Espagne, le peintre de la cour est alors Diego Rodríguez da Silva y Velázquez. À ses côtés, toujours prêt à lui tendre ses pinceaux ou à moudre ses couleurs, se trouve un esclave noir, Juan de Pareja.

Sur ce fond d'une Europe bouillonnante d'idées nouvelles, où fleurissent partout l'art et le pouvoir, j'ai choisi de raconter l'histoire d'un simple esclave. L'esclavage était chose courante en Espagne depuis l'arrivée des conquérants mauresques, car les Arabes faisaient depuis toujours le commerce de chair africaine. L'Europe de cette époque ne semblait pas soupçonner que l'esclavage fût un mal ; sa renaissance s'était abreuvée aux valeurs d'une Grèce dont la démocratie reposait sur les solides fondations du travail des esclaves. Même les anciens Hébreux, qui ont éveillé notre conscience, avaient des esclaves. Il y a encore, hélas, beaucoup de pays qui achètent et vendent des esclaves dans le monde, mais l'une des caractéristiques de notre époque est de considérer cela comme inacceptable et d'insister sur le droit de chaque homme à la dignité et à la liberté, si maladroits que nous puissions être d'ailleurs dans certaines de nos tentatives pour atteindre ces idéaux.

Mon histoire parle donc de Juan de Pareja, et de Velázquez*, son maître.

---

* *Note de l'éditeur* : Un parti pris de couleur romanesque nous a fait conserver, au long de ces pages, l'orthographe espagnole d'un nom que notre culture française nous a rendu familier sous la forme de Vélasquez.

1

OÙ J'APPRENDS MON ALPHABET

Je suis Juan de Pareja. Je suis né esclave au tout début du XVIIe siècle. Je ne suis pas sûr de l'année. Ma mère, qui s'appelait Zulema, était une très belle femme noire, et bien qu'elle ne m'ait jamais dit qui était mon père, je crois deviner que c'était le gérant de l'un des magasins de notre maître, un Espagnol blanc qui ne put réunir l'argent nécessaire pour la racheter. Mais il lui donna, cela j'en suis sûr, un bracelet d'or et une paire d'anneaux d'or pour ses oreilles.

J'avais environ cinq ans quand elle mourut, et on ne me dit rien, seulement qu'elle s'était envolée au ciel. Je me suis toujours demandé ce qui s'était passé. Peut-être ma vie aurait-elle été différente si elle avait survécu. Elle est probablement morte de fièvres ou de quelque autre maladie. À Séville, où nous vivions, la peur de la peste n'était jamais très loin, car il y avait tant de bateaux qui remontaient le Guadalquivir, en provenance de ports étrangers, et venaient accoster à nos quais, que, quand quelqu'un venait à mourir d'une maladie mystérieuse, on l'enterrait en hâte ; et il ne restait plus qu'à espérer qu'il ne nous avait pas apporté la peste.

Ma mère me manqua terriblement. Il y avait longtemps que je n'étais plus un bébé, mais jusqu'à sa mort elle continuait de m'endormir chaque soir en me berçant dans ses bras, tout en chantant doucement, de sa belle voix, profonde et basse, de contralto. Aujourd'hui encore, j'ai beau être un vieil homme qui a beaucoup vécu, il me suffit de fermer les yeux pour l'entendre fredonner les chansons que j'aimais, sentir autour de moi la tiédeur de ses bras et la pression de son bracelet d'or et pour retrouver fugitivement cette sensation d'amour et de sécurité dont elle m'enveloppait.

Elle était tendre et prodigue en caresses et gentilles attentions. Tôt le matin, dans la lumière d'une des fenêtres ouvertes au levant, elle s'asseyait à coudre les robes de Maîtresse, et je voyais son aiguille traverser doucement la soie ou le velours et ses mains noires, fines et sensibles, lisser le tissu. Alors elle levait les yeux sur moi et souriait, et ses yeux débordants de tendresse me caressaient avec amour.

Ma mère... Je ne suis plus tout à fait un apprenti, à présent, après tant et tant d'années de peinture, et je peux bien le dire à présent... quel beau défi tu aurais été pour un peintre ! Quel délice et quel tourment d'essayer de saisir le doux reflet du taffetas vert pomme et du velours grenat de la robe de la maîtresse, le brun sobre de la tienne, le rose et l'or de ton turban, relevé par les anneaux d'or de tes oreilles et le beau rai de sombre lumière le long de tes joues rondes et de ton long cou souple, comme sur une grappe de raisin mûr. Et comment peindre tes mains si belles, qui voltigeaient au-dessus des soieries comme deux oiseaux noirs ?

Après la mort de ma mère, Maîtresse me prit pour page et me fit habiller d'un élégant costume de soie bleu vif et d'un turban orange et argenté. Elle me donna aussi les boucles d'oreilles de ma mère, mais garda pour elle le bracelet, qu'elle portait presque toujours. Maîtresse me perça l'oreille elle-même, et passa un brin de fil dans le trou, sur lequel elle tirait un peu chaque jour jusqu'à ce que la cicatrisation soit parfaite ; alors elle pendit une des boucles à mon oreille.

– Cela purifie le sang de porter un anneau d'or, me dit-elle. Voilà ! Je te garderai l'autre moi-même, pour le cas où tu perdrais celui-ci.

Maîtresse était bonne mais fantasque et arbitraire – et souvent distraite. Elle avait pour le Maître une véritable adoration, et le souci constant que lui causait sa santé fragile lui faisait bien souvent oublier tout ce qu'elle s'était promis de faire. Maîtresse était une Silva, d'une grande famille portugaise de la ville de Porto. Mon rôle de page consistait à la suivre à quelques pas quand elle sortait faire des courses ou prendre un sorbet avec ses amies, de porter son réticule, son éventail, son missel et son rosaire dans sa petite boîte cloutée de perles.

– Juanico, criait-elle, Juanico, mon éventail ! Non, je ne t'ai pas dit de me le donner, évente-moi ! Je suffoque de chaleur. Non, non, pas si fort, voyons, tu vas me décoiffer !

J'appris vite, avec le fatalisme des enfants esclaves, à ne pas m'étonner si elle me tapait brusquement sur les doigts de la pointe de son éventail replié, d'un coup sec qui diffusait le long de la main une douleur soudaine et faisait pointer des larmes au bord de mes cils. Il lui arrivait aussi, avec la même imprévisible brusquerie, de se retourner pour redresser mon turban et me pincer la joue affectueusement. Pour elle, j'entrais dans la même catégorie que Toto, son chien jaune et blanc qu'elle châtiait et chouchoutait alternativement.

J'avais pourtant pour ma maîtresse une vraie dévotion. Quand j'étais malade, elle me soignait et se relevait la nuit pour me faire boire un bouillon. Elle veillait à ce que j'aie de l'eau propre pour me laver et, chaque fois qu'elle commandait, pour son propre bain, les longues barres de savon blanc, elle m'en donnait un morceau à moi aussi. J'étais bien nourri, j'avais toujours quelques sous pour acheter des bonbons dans la rue, et parfois même elle me permettait d'aller voir les comédiens de passage ou la foire de la ville.

Il y a une chose dont je lui serai reconnaissant toute ma vie : c'est de m'avoir appris l'alphabet. Ma maîtresse, je m'en rends compte à présent, n'avait reçu, comme la plupart des femmes de sa classe, que très peu d'éducation. Elle lisait lentement et avec beaucoup de difficulté, et quant à écrire, il lui fallait toujours plusieurs après-midi et bien des larmes pour parvenir à composer une lettre pour sa famille au Portugal ou pour son neveu de Madrid, un jeune homme qui était peintre. Elle était douée pourtant d'un grand sens pratique et savait beaucoup de choses, car elle avait un jugement sûr et cultivait sa mémoire.

Un jour, par un chaud après-midi de septembre, elle me fit appeler dans sa chambre à coucher et pour une fois elle ne commença pas dès mon entrée à m'asséner la liste des courses et des tâches à réaliser sur-le-champ. Elle portait une robe de gaze légère car, malgré les rideaux tirés pour arrêter le soleil et protéger les couleurs de son tapis mauresque, il faisait très chaud et son front était humide de sueur. Elle s'éventait en haletant légèrement.

— Reste où tu es, Juanico, dit-elle. Je veux t'examiner.

Elle me regarda longuement, avec attention. Puis elle hocha la tête, se parlant à elle-même.

— Oui... murmura-t-elle. Oui, je crois qu'il est assez intelligent. Oui, certainement.

Alors elle s'adressa à moi, tout en s'épongeant le cou avec un grand mouchoir de coton blanc.

— Je vais t'apprendre l'alphabet, me dit-elle. Si tu fais attention et que tu travailles bien, tu apprendras à écrire d'une belle écriture et alors tu pourras écrire mes lettres à ma place, et peut-être, plus tard, aider le Maître aux entrepôts. Je donnerai des ordres pour que personne ne te dérange pendant ma sieste de l'après-midi ; c'est pendant ces heures-là que tu feras tes exercices.

Je ne devais pas avoir alors plus de neuf ans et l'idée ne me plut pas du tout : je voyais bien l'angoisse qui prenait Maîtresse chaque fois qu'il lui fallait écrire une lettre, et cela ne me tentait guère de devoir apprendre une chose capable de mettre un adulte dans un état pareil. Mais je savais combien elle était capricieuse, et inconstante. Je me contentai donc de répondre : «Oui, Maîtresse», bien convaincu qu'elle ne tarderait pas à oublier tout ce projet.

Mais elle n'oublia pas, malgré l'orage qui éclata cette nuit-là et la pluie qui vint rafraîchir la ville et nettoyer la poussière. Car le lendemain fut un jour frais et lumineux, le genre de temps par lequel elle aimait aller à la promenade pour y faire admirer ses vêtements les plus élégants, fabriqués dans les riches étoffes que son mari faisait venir de Perse et de Turquie.

La matinée commença comme d'habitude. Quand elle m'appela, elle était vêtue d'une robe couleur de plume, et portait des chaînes d'or autour du cou et sa mantille de dentelle noire. Nous partîmes pour la messe, elle devant et moi, comme toujours, un pas en arrière, avec sa boîte de chocolats, son rosaire et une petite badine terminée par une touffe de plumes pour écarter les chiens galeux ou les gamins des rues qui nous serreraient de trop près.

La messe avait lieu dans la grande cathédrale, avec ses arches qui s'élancent entre les hauts piliers, l'or qui scintille sur les autels et aux cadres des tableaux, et la douce lumière des chandelles dans la pénombre parfumée. Pour moi, ce fut, comme toujours, un délice. J'aimais de toute mon âme le chant mélodieux des prêtres, la beauté de leurs parures, le glorieux moment de l'élévation. Ma maîtresse était souvent obligée, à l'église, de me rappeler à l'ordre d'un coup de son éventail, car je l'oubliais complètement, elle, ses chocolats et son rosaire, et mon âme s'envolait vers la voûte où elle baignait dans une lumière dorée qui semblait descendre des cieux.

Après la messe, j'espérais que ma maîtresse irait chez une de ses amies qui nous préparait parfois du chocolat mousseux, cette étrange boisson américaine qu'elle servait chaude dans de petites tasses. Maîtresse me permettait toujours de finir les dernières gorgées qui restaient au fond de sa tasse. Et j'essayais de garder sur la langue le goût sucré et délicieux le plus longtemps possible. Mais ce jour-là, Maîtresse rentra directement à la maison et le froufrou de sa robe semblait, devant moi, poussé par une hâte inhabituelle. Elle alla droit à sa chambre à coucher et c'est une des servantes (une fille de la campagne, aux poignets et aux chevilles épaisses, qui mettait ses gages de côté pour se marier) qui fit les frais de la langue acérée de Maîtresse, parce qu'elle n'avait pas fait le lit ni aéré la chambre.

— Dépêche-toi, et que tout soit prêt dans dix minutes, ordonna Madame. Je veux travailler à mon bureau et je ne supporte pas de voir un lit en désordre.

Maîtresse rangea sa mantille de messe et son rosaire et remonta ses manches au-dessus du coude. Puis elle sortit son encrier et sa plume, et je compris qu'elle n'avait pas oublié sa menace de m'apprendre l'alphabet.

Nous commençâmes immédiatement par le A, et nous vîmes encore ce matin-là le B, le C et le D. Maîtresse m'expliqua quel son chaque lettre représentait et je compris, dans un éclair de joie, qu'en apprenant à écrire j'allais aussi apprendre à lire. Aussi, quand Maîtresse alla faire sa sieste un peu plus tard, je m'appliquai sur mes devoirs et fis mes lignes avec le plus grand soin. C'est que notre maître avait une bibliothèque où il gardait de nombreux livres reliés de cuir et il y passait des heures entières, ravi, lisant à voix haute, riant aux éclats et commentant à grand bruit ce qui se passait à l'intérieur des énormes volumes. J'avais hâte de découvrir ce que ces livres pouvaient bien lui raconter qui lui donnait autant de plaisir.

Le Maître était un homme sombre et mince, et les fièvres continuelles avaient jauni sa peau maladive. Il était presque toujours souffrant. Il avait au port, sur les quais, des entrepôts et des magasins, et il y allait tous les matins s'occuper de ses affaires. Il partait très tôt, et ne pouvait rien avaler avant de partir. « Mon foie n'accepte de travailler qu'après une bonne marche », disait-il à Maîtresse chaque fois qu'elle essayait, prise d'un de ses accès d'autorité, de lui faire prendre un petit déjeuner. Elle aimait énormément manger et périodiquement elle revenait à la charge pour lui faire prendre un œuf brouillé, un morceau de poisson poché au vin ou une autre des friandises qu'elle lui préparait avec amour. En général, le Maître rentrait vers trois heures de l'après-midi pour déjeuner, mais il refusait de toucher aux petits plats que Maîtresse cuisinait elle-même pour lui, et ne demandait que des légumes bouillis et une croûte de pain bien dorée ; la déception plongeait Maîtresse dans de vraies crises de rage :

— On dirait que tu es moine ! criait-elle, rouge de colère, mais lui ne répondait pas et se contentait presque toujours de sourire en lui tapotant la main pour la calmer.

Après déjeuner, il se reposait quelques instants, puis allait s'enfermer dans sa bibliothèque où il passait, complètement seul, de si heureux moments.

Je lui enviais ses livres et me mis à travailler dur sur mes pages d'écriture, et pour une fois Maîtresse se montra ferme et constante. Chaque jour, même quand elle avait mille autres choses à faire, elle me faisait apporter le morceau de chiffon ou la feuille de papier de Damas où j'avais dessiné les lettres apprises la veille, et après les avoir examinées elle m'en donnait de nouvelles à tracer. Quand je sus enfin les écrire mieux qu'elle, cela commença par l'agacer, mais elle se reprit aussitôt, car elle avait beaucoup plus de bon sens que de vanité.

— Voilà, je le savais bien ! Juanico, crois-moi, tu vas avoir une écriture dont nul ne pourrait rougir. Tes lettres sont rondes et bien formées et tu dessines les queues à la perfection ! Cela te plaît, n'est-ce pas ?

Je baissai la tête pour qu'elle ne puisse pas voir à quel point j'aimais cela, en effet, car elle était capricieuse, et si elle s'apercevait que rien au monde ne me plaisait davantage, elle était capable de m'occuper à autre chose pendant des semaines uniquement pour me remettre à ma place.

Le temps passa, et peu à peu je finis par écrire toutes ses lettres. Quand le Maître était malade et qu'elle était complètement absorbée par les bains à préparer, les remèdes à doser et tous les soins qu'elle pouvait inventer pour alléger sa souffrance, elle me faisait souvent asseoir près d'elle, avec une plume et du papier, et me dictait d'un air absent pendant qu'elle changeait l'eau des bouquets de fleurs, aérait la chambre du malade ou dosait les médicaments du Maître.

– Écris à ma sœur à Porto, Juanico – tu connais l'adresse – et dis-lui qu'ici les choses continuent de même. Mon époux bien-aimé ne mange presque rien, son pauvre estomac ne supporte même plus le bouillon et il souffre terriblement.

Elle s'essuyait les yeux du revers de la main avant de continuer :

– Dis-lui de m'envoyer deux grandes outres du meilleur vin de Porto et aussi un petit sac de ces herbes qui servent à faire les infusions qu'on nous donnait dans notre enfance quand nous avions l'estomac dérangé… elle se souviendra sûrement de leur nom. Dis-lui qu'elle m'envoie le vin et les herbes par le premier messager possible, je le récompenserai dès son arrivée. Et puis, dis-lui que je l'embrasse, et à la fin écris ce que je dis toujours à la fin de mes lettres. Écris cela tout de suite et tu me l'apporteras aujourd'hui même.

Je traçais parfois de petits dessins dans les marges des lettres, pour illustrer un détail. Le point de dentelle d'un mouchoir, par exemple, ou un petit oiseau, une orange, ou Toto, le chien de Maîtresse. Cela l'amusait et elle me laissait faire sans me gronder.

L'état du Maître s'aggrava. À la fin, il ne put plus quitter le lit et la maison était plongée dans la tristesse. Je me souviens encore de la lettre que Maîtresse me fit écrire à son neveu, à Madrid, après la mort du Maître :

Mon cher Diego, j'ai de bien tristes nouvelles à te donner. Tu sais comme ton oncle Basilio t'a toujours aimé. Plus jamais il ne t'embrassera à présent. Il souffrait tant les derniers mois que je n'ose le pleurer, car c'est la miséricorde de Dieu qui lui a enfin donné la paix, et je dois lui en rendre grâces. Mais je suis seule maintenant et plongée dans les ténèbres, car mon cher compagnon n'est plus. Il était bien plus âgé que moi et il me gâtait, mais je l'aimais profondément. Ay de mi! J'espère faire un jour le voyage de Madrid pour te rendre visite comme tu m'y as si souvent invitée, mais je veux passer ma première année de deuil ici à Séville. Ton oncle a planté un petit oranger dans un pot, d'une nouvelle espèce, très juteuse et sucrée. Je te l'apporterai quand je viendrai, comme un dernier cadeau de lui.

Ta tante qui t'aime
Emilia

C'est par cette lettre que j'appris que nous irions à Madrid d'ici un an et je commençai à penser beaucoup à ce Don Diego, le neveu. À des bribes de conversation, que j'avais saisies à droite et à gauche, j'avais compris que c'était un peintre de grand talent, mais taciturne, sévère et étrange. Je pensais qu'il serait merveilleux de le regarder travailler, et j'espérais que je pourrais trouver quelques moments pour cela quand le service de ma maîtresse me laisserait un peu de liberté.

Je savais que Don Diego avait été l'élève de Pacheco et qu'il avait épousé la fille du grand peintre. Sans savoir comment, j'étais déterminé à me frayer un chemin un jour, sous quelque prétexte, jusqu'à l'atelier de Pacheco, car il travaillait encore à Séville et avait beaucoup d'élèves. J'aurais tant aimé visiter un atelier de peintre, le regarder appliquer les couleurs, voir les visions de son œil exercé apparaître, petit à petit, sur la blancheur de la toile vierge.

Mais ma maîtresse me tenait enfermé à la maison, car elle ne sortait plus, à présent, que pour aller à la messe. Elle était irritable, amaigrie par le jeûne et les larmes, et il y avait des jours où j'avais grand-peine à faire apparaître sur ses lèvres la plus légère ombre de sourire. Nous faisions pourtant de notre mieux, Toto et moi, pour l'amuser. D'ailleurs, elle avait aussi beaucoup de travail, car c'était elle qui devait maintenant superviser les comptes des magasins, et elle le faisait scrupuleusement malgré les maux de tête que lui causaient les interminables colonnes de chiffres.

Pourtant, un jour d'été, je parvins à m'approcher de la maison de Pacheco. Ce jour-là finit bien tristement : jamais je ne l'oublierai. Bien des difficultés, bien des souffrances devaient naître pour moi de cette journée, mais je l'ignorais en sortant dans la fraîcheur du petit matin, alors que le soleil commençait à peine à raser les toits de Séville, pour aller chercher du pain frais chez le boulanger. Je pris exprès par le chemin le plus long, en courant à toutes jambes : il passait devant la maison du peintre, et j'espérais que celui-ci serait en train de travailler dans son patio et que je pourrais enfin l'apercevoir ; c'était l'heure où les servantes lessivaient les escaliers et jetaient dans la rue de grands baquets d'eau pour chasser la poussière, et le grand portail était toujours à cette heure-là ouvert à deux battants.

En approchant, je vis un cortège funèbre qui se formait : les chevaux attendaient, drapés de voiles noirs, des plumes noires plantées sur la tête. On sortait un cercueil de la maison de Pacheco. J'interrogeai des gamins qui regardaient et j'appris que la plus jeune fille du peintre était morte pendant la nuit, et qu'on l'emportait à l'église pour qu'elle assiste à sa dernière messe avant d'être enterrée.

— La peste est dans la ville, me dirent-ils en se signant. Et il y a des funérailles à tous les coins de rue. Elle est arrivée avec un chargement d'esclaves et d'ivoire de l'Afrique. Écoute ! On sonne le glas !

J'écoutai la sonnerie solennelle d'innombrables cloches d'église. Dans ma hâte, je n'y avais pas prêté attention, car il y avait toujours des cloches qui sonnaient à Séville, et leur bruit m'était devenu si familier que je n'entendais plus.

Effrayé, je repris ma course vers la boulangerie, mais j'y trouvai les portes barricadées et marquées d'un grand signe de croix dont la peinture encore humide brillait dans le soleil du matin et m'avertissait qu'à l'intérieur quelqu'un mourait, victime de la peste.

Alors je pris mes jambes à mon cou et me précipitai vers la maison, affolé à l'idée que je pourrais trouver aussi notre porte fermée et le terrible avertissement peint sur le battant à gros traits hâtifs.

En cela, pressentiment ou intuition, j'avais vu juste, malheureusement ; appelez cela comme vous voudrez, mais j'ai eu souvent de ces éclairs de lucidité qui m'annoncent les nouvelles avant qu'elles ne se produisent. Car dès le lendemain matin, c'est moi-même qui peignais sur notre porte, en versant un torrent de larmes, la croix de la peste, et avant la fin du jour on faisait à ma maîtresse sa toilette funéraire.

Quand on l'emporta, au rythme lugubre des cloches en deuil, je ne pus suivre le cortège, car j'étais tombé malade brusquement et délirais de fièvre. Je restai étendu, brûlant, sur mon grabat, séché de soif, en proie à de terribles hallucinations et à d'étranges accès de panique, tordu par les convulsions et les vomissements.

Combien de jours et de nuits je suis resté ainsi à un pas de la mort, je n'en ai pas la moindre idée.

Quand enfin je revins à moi, me levai, et me mis, malgré ma faiblesse, à la recherche de quelque nourriture, je découvris qu'il n'y avait plus un seul serviteur dans la maison, que tout n'y était plus que poussière et silence. On m'avait abandonné.

Je bus de l'eau d'un seau de bois à moitié plein, et vis qu'il y avait des oranges aux orangers du jardin. J'étais trop affaibli pour grimper à l'arbre cueillir les meilleures, mais j'en ramassai une qui était tombée par terre, déjà moitié pourrie, et je la dévorai à belles dents. Je mourais de faim.

Puis je me rendormis d'un sommeil profond et sans rêves. Je fus réveillé, beaucoup plus tard, par des coups violents frappés à notre porte et, malgré ma faiblesse, je réussis à me traîner en chancelant le long des couloirs pour demander :

— *Quién ?* Qui est là ?

C'était un moine vêtu d'une bure d'un brun délavé, l'un de ceux que j'avais vus souvent dans les rues de la ville, courant soigner, d'un quartier à l'autre, malades et agonisants. Il entra, me lava, refit mon lit de frais avant de m'y border, puis prépara un bouillon chaud qu'il me fit manger avec une cuiller en bois.

— Je suis frère Isidro, me dit-il. C'est un miracle de Dieu que tu sois encore en vie, mon garçon. Tous les habitants de cette maison ont rendu leur âme et on les a tous menés en terre, l'un après l'autre.

Il se tut, se signa, puis récita une prière.

C'était un vieil homme, avec une couronne de cheveux blancs en désordre ; il lui manquait plusieurs dents, ce qui transformait parfois ses paroles en un étrange sifflement.

C'est justement après l'un de ces sifflements que nous entendîmes, comme en réponse, un petit bruit entre soupir et jappement, et frère Isidro se mit à chercher partout pour en trouver la source. Il finit par découvrir Toto, maigre et mourant de faim, son joli poil raidi de boue et de crasse. Le pauvre petit chien avait dû rester caché dans la maison depuis le début de la peste. Frère Isidro l'appela en claquant la langue et lui donna, à son tour, du bouillon chaud. Toto lui lécha la main puis se traîna jusqu'à moi.

— Pauvre petite bête, murmura le moine, je vais l'emporter avec moi ; ils s'occuperont de lui au couvent. Et toi, petit, il te faut maintenant prier, remercier Dieu et lui demander de te montrer pourquoi Il a choisi de te sauver. Il y a sûrement quelque chose qu'Il veut que tu fasses, une mission dont Il veut te charger.

– Comment ça, une mission ? murmurai-je.
– Il te le dira quand le moment sera venu, répondit frère Isidro. Il te montrera ce que tu dois faire et pourquoi Il t'a maintenu ici-bas. Exactement comme Il me l'a montré à moi. J'étais soldat, je partais pour les Indes, quand mon bateau fit naufrage et coula avec tout l'équipage ; je fus le seul survivant. J'avais trouvé un bout de mât et je m'y suis agrippé jusqu'à ce qu'on me repêche. Mais pendant que je flottais à la dérive, j'ai vu en rêve que mon rôle ici-bas était de soigner les malades, et c'est ce que j'ai fait depuis. Bon, je reviendrai demain voir comment tu vas et t'apporter à manger ; d'ici là, repose-toi, reste couché, dors et prie. Nous verrons ce qu'on pourra faire de toi et où te trouver un logis.
– Je suis un esclave, lui dis-je. Je m'appelle Juan de Pareja. J'appartenais à Doña Emilia da Silva y Rodríguez.
– Je vais essayer de me renseigner. Et je m'occupe du petit chien. Toi, ne te lève pas ; tu es encore faible, tu risquerais de prendre froid.

Il se remit à s'affairer, lava ses bols et ses cuillers, et les fourra dans un grand sac en cuir qu'il portait à l'épaule. Puis, rejetant sa besace en arrière, il prit le petit chien sous le bras et sortit. J'entendis le portail se refermer derrière lui.

J'essayai de prier, mais c'est à peine si je pus prononcer les premiers mots de la prière avant de retomber profondément endormi.

Quelques jours plus tard, j'appris par frère Isidro que ma maîtresse m'avait légué, avec tout le reste de ses biens, à son neveu, le peintre de Madrid, Don Diego Rodríguez da Silva y Velázquez.

2

OÙ L'ON M'ENVOIE À MADRID

Le lendemain, frère Isidro revint avec un magistrat, homme d'âge mûr, sévère et de haute taille, vêtu de velours noir, au cou orné d'une lourde chaîne d'or d'où pendait une médaille impressionnante. Derrière lui venait un jeune esclave à peu près de mon âge, qui portait un encrier et une plume, et roulait à chaque pas des yeux effrayés, comme si l'idée de trébucher et de renverser la précieuse encre noire des Indes le remplissait de terreur : puis un clerc long comme un échalas qui luttait contre le poids d'un énorme livre à reliure de cuir dans lequel le magistrat allait écrire son inventaire. Mais il prit d'abord tout son temps pour essayer plusieurs chaises avant d'en choisir une où il s'assit enfin ; puis il se fit apporter une petite table et y fit poser l'énorme livre.

— Bobo, tu peux poser l'encrier. Là. Quand je te le dirai, tu tremperas la plume dans l'encre. Pas encore ! Je n'ai pas encore organisé mes idées, ni décidé de la procédure à suivre.

Le frère Isidro dit alors, en s'inclinant humblement :

— Si vous le vouliez bien, Votre Honneur, ne pourriez-vous pas écrire le nom de ce garçon, Juanico, là, et me permettre de l'emmener au couvent afin qu'il prenne des forces pour son voyage ?

Le magistrat toisa frère Isidro d'un regard sévère.

— Quand je serai prêt à prendre note du nom et de la description de cet esclave, je le ferai, et pas avant, annonça-t-il. En attendant, qu'il se rende utile en apportant les livres de la bibliothèque. Ils doivent être décrits un par un et comparés avec la liste qui figure dans le testament de feu Don Basilio Rodríguez, que Dieu ait son âme.

— Ne pourriez-vous... reprit le petit moine, mais un coup d'œil glacial et un geste impérieux de la main le réduisirent au silence.

C'est ainsi que je commençai, en chancelant sur mes jambes encore faibles, à transporter les livres, par brassées, et le magistrat passa toute la matinée à les cocher sur sa liste. Frère Isidro, qui avait beaucoup à faire, était parti en promettant de revenir me chercher, et quand enfin les cloches de la cathédrale sonnèrent le carillon de midi, j'attendais l'apparition de son petit visage rouge, ridé et plein de bonté, comme jamais je n'avais attendu mon maître.

Enfin, le magistrat soupira, jeta du sable sur les pages de son livre et le referma. Il se leva et, suivi de son clerc et de son esclave, se dirigea vers la porte à grandes enjambées. Le *zaguan* se referma bruyamment derrière lui et je me traînai, épuisé, jusqu'à mon lit.

Frère Isidro vint me chercher à la tombée du jour, avec du pain et du fromage. Il m'apportait aussi un manteau, tiré des sacs de vieux vêtements qu'une dame riche lui donnait pour ses pauvres. J'étais bien content de m'y emmitoufler, car je grelottais malgré la tiédeur de la soirée.

— Tu vas rester au couvent avec nous ; le frère supérieur m'a donné son accord, me dit le moine. Et nous ne les laisserons pas t'emmener avant que tu sois remis. Je connais ce magistrat et les gens de son espèce. Ils ne veulent de mal à personne, ils ne sont pas volontairement cruels, mais c'est que, simplement, ils ne voient pas. Ils regardent un enfant noir, et ils ne voient qu'un esclave qui est fait pour travailler. Ils ne voient pas ce que je vois.

Je trottinais derrière lui, qui marchait de toute la vitesse de ses sandales dans les ruelles de Séville.

— Que voyez-vous ?

Il ralentit un peu pour chercher ses mots.

— Eh bien, je vois une personne. Un enfant. Un être humain avec une âme, que Dieu a fait à son image, me dit-il. As-tu fait ta première communion ?

— Oh, oui ! répondis-je fièrement. Maîtresse y a veillé. Et j'allais à la messe avec elle. Tous les jours.

Je me souvins soudain que je ne la reverrais plus, ni le Maître, ni la maison où j'avais toujours vécu, jamais plus, et je me mis à pleurer. Je sentais de grosses larmes rouler sur mes joues. Le frère Isidro se retourna en m'entendant renifler, et me consola gauchement.

— Allons, allons, récite le rosaire avec moi en marchant, cela te fera du bien. Pauvre petit. Il nous reste encore un bout de chemin à faire, le couvent est en dehors de la ville. Cela vaut mieux pour toi, d'ailleurs, et je ferai en sorte que le magistrat ne sache pas où te trouver, au moins pour une semaine. Je peux devenir complètement sourd, quand c'est nécessaire. Dieu me pardonnera cette petite tromperie. D'ailleurs, je n'aurai pas à mentir ; je m'arrangerai simplement pour ne pas le rencontrer. Je vous salue, Marie, pleine de grâce...

Et c'est ainsi, trottant et récitant les prières, que nous arrivâmes jusqu'au monastère, et les chères paroles familières, en effet, clamèrent ma tristesse et m'aidèrent à franchir les pierres et les ornières du chemin. Enfin, frère Isidro tira sur la corde qui pendait à l'entrée du monastère.

Il régnait à l'intérieur une grande confusion, un grouillement d'enfants de tous âges, de malades et d'estropiés, de vieillards et d'animaux. Toto se précipita à ma rencontre et quand je me baissai pour le caresser je sentis sous mes doigts ses petits os qui saillaient sous la peau du dos. Mais on l'avait lavé, et il avait l'estomac plein.

Cela n'avait vraiment rien à voir avec l'idée que je me faisais de la vie d'un couvent, que j'avais imaginée ordonnée et sereine, silencieuse et confortable. Mais je découvris vite que ce couvent-là n'était pas tout à fait comme les autres ; c'était plutôt, en réalité, une espèce d'hospice. Du reste, les frères étaient très pauvres, et le peu qu'on leur donnait en aumône, ils le prodiguaient aussitôt à tous les oubliés, malades et laissés-pour-compte de la ville, à toutes les créatures qui souffraient, humains et animaux sans distinction. Si j'avais pris le temps d'y réfléchir, j'aurais dû me rendre compte que moi, un enfant malade, un esclave trop affaibli pour travailler, je ne pouvais être d'aucune utilité à l'un de ces riches couvents consacrés à l'étude, à la copie et à l'enluminure de manuscrits et à la prière éternelle devant le saint sacrement. Il y a bien des logis au royaume du Seigneur, je le savais, et chacun a sa place et son rôle à jouer.

Le frère Isidro, tout en grondant les hordes d'enfants, de boiteux et de vieillards, de petits ânes écorchés et de chiens harcelés de mouches qui le pressaient de toutes parts, appela d'une voix irritée pour qu'on vienne le débarrasser de son gros sac de pain, et plusieurs moines accoururent, aussi pauvrement accoutrés que lui-même.

– Maintenant, mettez-vous en rang, et ne poussez pas, cria frère Isidro. Il y en aura assez pour tout le monde, Dieu soit béni.

Le brouhaha cessa comme par magie et tous se mirent sagement en rang. Je m'étais arrangé pour rester à côté du moine et il me permit de l'aider. Nous rompions le pain en gros morceaux, et un autre frère tendait à chacun de ces malheureux un peu de bouillon dans une écuelle de bois. Pour les animaux, il y avait du pain sec et quelques os pour les chiens.

Je mangeai un peu plus tard avec frère Isidro dans sa cellule, pendant qu'un autre moine répartissait sacs et couvertures et trouvait à chacun un endroit où dormir.

– Nous faisons ce que nous pouvons, me dit-il, après avoir béni son croûton de pain et remercié Dieu. Nous les gardons quelques jours, et nous mendions pour les nourrir. Dieu est bon, et nous rentrons presque toujours de nos tournées en ville avec nos sacs pleins. Nous plaçons les jeunes enfants en apprentissage dès que nous pouvons leur trouver une place. Les vieux et les infirmes, nous les gardons, pour nous aider. Ils nous aident à mendier, bien sûr, et il y en a plus d'un qui ne revient pas. Deux ou trois maravédis, un croûton de pain et... enfin, ne jugeons pas. Nous faisons ce que nous pouvons, répéta-t-il, en mordant dans son morceau de pain noir.

— Je voudrais rester toujours avec vous ! m'écriai-je.

— Je ne demanderais pas mieux. Mais il va falloir que tu ailles à Madrid.

Je frissonnai.

— C'est un bel endroit, me dit le moine, et si tu sais garder ton cœur ouvert et ton âme sans tache, tu y trouveras à faire beaucoup de bien. Il y a tant à faire dans ce monde plein de méchanceté...

— Mais je ne suis qu'un esclave... qu'un domestique, dis-je, plaintif et dolent, car la tristesse soudain me submergeait.

— Qui de nous ne l'est pas ? demanda frère Isidro gaiement. Ne sommes-nous pas tous des serfs ? En tout cas, nous devrions ! Je ne vois vraiment aucune raison d'en avoir honte : c'est notre rôle ici-bas.

Cette nuit-là, il me donna son lit, une couchette de bois sans une couverture, mais j'avais le manteau qu'il m'avait donné, et le matin, quand il vint me réveiller, il apportait du pain et une tranche de fromage.

— Aujourd'hui, tu restes ici, rends-toi utile, me dit-il. Le supérieur a décidé que tu t'occuperais des petits. Et ne te fatigue pas trop ; il faut que tu prennes des forces pour ton voyage.

Cette dernière remarque, je ne me la rappelai que plus tard, sur la route de Madrid, avec le muletier bohémien.

Mais en attendant, je passai au couvent six journées bien remplies. Il y avait peut-être vingt frères, tous franciscains, qui essayaient de vivre dans une sainte pauvreté, partageant tout avec les nécessiteux. J'étais fort occupé à couvrir chaudement les enfants fiévreux, à aider les infirmes à se déplacer, à convaincre les vieux grognons de manger leurs quignons et d'aller marcher au soleil au lieu de s'entasser dans l'ombre, mais je commençai pourtant à songer à l'avenir, à Madrid et à mon nouveau maître.

J'attendais chaque soir avec une impatience extrême le retour de frère Isidro. Les bons jours, il rapportait ses deux gros sacs pleins de navets, d'oignons ou d'autres produits donnés par quelque fermier. Toujours, il avait du pain qu'il achetait au four du boulanger avec les aumônes de la journée. Dès qu'il entrait, je le dévisageais avidement, tâchant de deviner les nouvelles, et cela finit par arriver. Le lendemain, je devais retourner avec lui en ville ; on m'envoyait vers le nord.

Cette fois, je pris plaisir à la promenade, sur la route poussiéreuse qui me ramenait dans Séville. J'aimais l'odeur de l'herbe sèche et le bruissement des criquets qui s'envolaient en essaims devant nous. Je chantais en marchant.

Nous entrâmes dans Séville et je suivis frère Isidro dans les ruelles pavées d'un quartier que je ne connaissais pas.

– La maison où tu vivais a été vendue, me dit le moine. Je t'emmène chez le magistrat.

En arrivant devant une lourde porte de bois ornée de clous de bronze, frère Isidro s'arrêta, souleva le marteau (un marteau étrange en forme de poisson) et le laissa retomber trois fois. La porte pivota et nous pénétrâmes dans la pénombre d'un grand vestibule, qui paraissait plus obscur encore à cause du soleil qui brillait dans le patio, où une fontaine chantonnait.

On nous fit attendre dans le vestibule. Au bout d'un long moment, un domestique vint nous chercher et nous mena au bureau du magistrat, qui traitait ses affaires officielles dans une pièce retirée et tranquille, à l'arrière de la maison.

Il était assis derrière une table massive de bois sculpté, couverte de piles de papiers qu'il déplaçait de ses doigts tachés d'encre. Il ne se leva pas, fit signe à frère Isidro de prendre un siège et me renvoya dans le couloir d'un geste sec. Je ne pus entendre leur conversation, mais quand le moine sortit me rejoindre, je lus sur son visage de la colère et de la tristesse. Il posa un bras sur mes épaules, puis me donna sa bénédiction, et je compris que je ne le reverrais plus. Mon cœur se serra devant cette nouvelle séparation, et je ne pus répondre. Frère Isidro s'éloigna, toujours pressé, et je restai à attendre des ordres. Les heures passèrent, je me laissai aller à une rêverie pleine de tristesse, et personne ne vint me dire ce que je devais faire ni où je devais aller.

J'étais trop intimidé pour le demander. Au couvent, malgré ma faiblesse de convalescent, on m'avait donné des choses à faire, des responsabilités, j'étais une personne. Maintenant j'étais rétabli, mais j'étais redevenu un objet – pas une personne, mais un esclave.

Je ne sais combien de temps dura cette attente. Des serviteurs entraient et sortaient, et me frôlaient comme s'ils ne me voyaient pas. On introduisait des visiteurs dans le bureau du magistrat, ils s'asseyaient, chuchotaient, repartaient. Mes pieds et mes jambes me faisaient mal à force de rester debout, mais il n'y avait pas où s'asseoir. Finalement, épuisé, je me laissai glisser par terre et m'assis à même le sol, adossé au mur. Et là, la tête sur la poitrine, je m'endormis.

Je fus réveillé un peu plus tard par un coup de pied dans les tibias. Je ne crois pas que l'homme avait eu réellement l'intention de me faire mal mais, humilié, meurtri, gêné de m'être endormi dans une position aussi inconvenante, je pris conscience brutalement de ma complète solitude, et je fondis en larmes. À mon premier sanglot, un autre coup de pied m'imposa le silence. Je ravalai mes larmes et me levai d'un bon.

L'homme qui se tenait devant moi était un domestique vêtu de coton foncé et d'un grand tablier vert ; des brosses et des chiffons émergeaient de ses poches.

– Viens avec moi. Le Maître va te donner ses ordres.

Je pris sur moi, me calmai et le suivis.

Il me conduisit non dans le bureau où j'avais vu entrer frère Isidro, mais dans la chambre à coucher du magistrat.

Celui-ci avait enlevé la veste noire de son costume et ne portait plus qu'une culotte noire collante, des bas, des chaussures et une fine chemise de coton blanc à plastron froncé.

– Tu t'appelles ? demanda le magistrat avec irritation. Je n'ai pas mes papiers ici.

Je répondis :

– Juan de Pareja.

– Ah oui, Juanico. Bon, va à la cuisine et fais-toi donner quelque chose à manger. Ce soir, tu n'as qu'à dormir dans l'étable. Tu partiras demain au petit matin avec le reste des biens de Doña Emilia, que j'envoie chez son neveu Don Diego à Madrid. Je suis sûr que tu pourras gagner de quoi subvenir à tes besoins pendant le voyage en aidant le muletier ; on ne m'a pas remis d'argent pour te nourrir, ni ici ni en route. Mais, soupira-t-il, je suis un homme compatissant et je ne te laisserai pas partir le ventre vide.

J'avais désormais assez d'expérience de la vie et j'avais entendu assez d'histoires de gamins de mon âge et d'autres esclaves pour avoir appris à me méfier des gens qui se disent compatissants, justes et bons. Ce sont en général les plus cruels, les plus avares et les plus égoïstes, et les esclaves savent qu'il faut craindre le maître qui commence ses phrases par de vigoureux hommages à ses propres vertus.

Je frissonnai et quand, descendu aux cuisines, le cuisinier me tendit un bol sale rempli d'un bouillon tiède, je pressentis que des ennuis approchaient.

Je regardai autour de moi et découvris que la cuisine était fort pauvre. Pas de tresses d'oignons ni de piments pendues au plafond; pas de jambons ni de saucissons aux crochets. Et le sucre et la farine étaient sous clé. Le cuisinier était maigre et de mauvaise humeur. Le magistrat, évidemment, était un avare. « Une lumière dans la rue, mais l'obscurité à la maison », dit le proverbe espagnol, et il faisait certainement partie de ces gens qui en public font étalage de dignité et de rigueur protocolaire mais cachent derrière la fine coquille de leur maison une vie de pénuries et d'inconfort.

Les étables étaient du moins un peu mieux entretenues que la cuisine. Il y avait plusieurs chevaux de race, beaux et bien nourris. Les harnais étaient brillants et bien graissés et les décorations de cuivre soigneusement astiquées. Personne ne vint me dire où m'installer, et je fis donc mon lit sur un tas de paille et pris pour me protéger du froid une des couvertures que l'on jetait sur le dos des chevaux quand ils rentraient en sueur après une dure journée.

3

OÙ JE FAIS LA CONNAISSANCE DE DON CARMELO

Je fus réveillé avant l'aube par un bol d'eau froide dans la figure, et je découvris au-dessus de moi, à la faible lueur des dernières étoiles, un visage brun et balafré. L'homme paraissait avoir une trentaine d'années ; large d'épaules, il avait une certaine beauté sauvage, avec ses dents blanches et ses grands yeux noirs étincelants. Je compris vite, d'après ses vêtements et les ordres qu'il criait, qu'il était le muletier qui devait nous mener à Madrid. Je me levai d'un bond et lui proposai de l'aider.

C'était un gitan agile et gracieux, fort comme une panthère, aux gestes vifs et pressés. J'allai chercher de l'eau et du fourrage et l'aidai à charger les mules en essayant de me tenir à distance respectueuse de ces animaux susceptibles ; il y en avait une surtout qui essaya de me mordre puis se retourna d'un saut pour m'avoir à portée de ruade. Mais j'avais un peu fréquenté les mules du temps où Don Basilio, mon maître, vendait sa marchandise aux entrepôts du port, car les marchands emportaient leurs achats, le plus souvent, à dos de mulet, et j'avais appris à me méfier de leurs agressions sournoises. Le Gitan, me voyant en difficulté, vint calmement asséner un violent coup de poing sur les naseaux de la mule, et malgré mon soulagement d'avoir échappé aux sabots volants et aux dents acérées, je ne pus m'empêcher de plaindre la pauvre bête, dont les naseaux saignaient et qui baissait la tête avec accablement.

– Tu auras droit au même traitement au premier écart, négrillon, dit le bohémien avec un sourire radieux. Je découvris bien vite que ce sourire était un avertissement ; le gitan adorait dominer et asservir bêtes et gens. J'étais un enfant maussade, peut-être, mais sûrement pas un révolté, et j'appris vite à bondir pour obéir aux ordres de Don Carmelo. Don Carmelo. C'était son nom. Carmelo, en réalité. Seuls les gentilshommes ont le droit de se faire appeler *Don*. Mais il exigeait que je l'appelle Don Carmelo. Je remarquai que le magistrat, quand il vint donner ses dernières instructions, l'appelait « Carmelo » tout court.

Il y avait dix mules en tout, et lourdement chargées, car Don Carmelo ne les ménageait pas. Je me demandais, terrifié, quelles distances il allait nous obliger à parcourir chaque jour. Je craignais le pire, mais j'avais tort de m'inquiéter. Don Carmelo aimait par-dessus tout chanter, danser et boire du vin, et le soir, chaque fois qu'on pouvait faire halte dans un campement de bohémiens, il prenait tout le temps nécessaire pour se divertir jusqu'à l'épuisement. Aussi, si nous étions terriblement chargés, du moins ne nous pressait-il pas trop. C'était déjà ça.

Le premier jour du voyage, nous rencontrâmes sur la route beaucoup d'autres convois de mules, et Don Carmelo était ravi car il connaissait presque tous les muletiers. Il chanta tout le long du chemin. Vers midi, j'étais déjà épuisé, mais il me restait des heures à marcher derrière les mules ; et je devais surveiller leur charge et l'empêcher de glisser car, quand cela se produisait, elles s'arrêtaient net et rien ni personne ne pouvait les forcer à repartir. Don Carmelo, qui le savait, se hâtait alors de rattacher les colis qu'il équilibrait à nouveau soigneusement ; une fois le chargement remis en ordre, il punissait quand même la mule d'un coup de pied mauvais.

À la tombée de la nuit, nous entrions dans un village où se trouvaient déjà plusieurs roulottes peintes de couleurs vives ; c'était un camp de bohémiens. J'aidai à décharger les bêtes et les mis à paître, et quand j'eus fini, pour ma plus grande surprise, Don Carmelo avait disparu et m'avait laissé seul avec elles. Je tombais de fatigue et ne rêvais que d'un repas chaud et de dormir tout mon soûl. Quand la lune se leva, je mourais de faim, mais Don Carmelo ne revenait pas, et je ne savais pas quoi faire. Des parfums alléchants montaient des feux de camp. J'attendis encore ; les feux peu à peu s'éteignaient et la danse commença. Tous les Gitans se rassemblèrent dans la prairie, autour d'un espace dégagé, et se mirent à frapper du pied et à taper dans leurs mains en cadence.

Il y avait là des hommes et des femmes tous bizarrement vêtus, les femmes en larges jupes à volants superposés et blouses de soie à manches plissées, les cheveux noués de foulards et de rubans de couleurs criardes. Les hommes aussi portaient des blouses de soie, mais leurs culottes collantes étaient en cuir ou en drap froncé. Un homme, assis sur une chaise, grattait négligemment les cordes d'une guitare. Soudain, il fit jaillir un accord et je vis Don Carmelo sauter au milieu du cercle, prendre position et commencer à faire claquer ses doigts. Bientôt, une belle jeune femme au port orgueilleux vint se dresser tout près de lui, dans un tourbillon de ses jupes dansantes, et se tint là, très droite, l'air dédaigneux. Puis elle leva lentement les bras avec de drôles de mouvements des doigts. Alors ils dansèrent ensemble, sans jamais se toucher. On aurait dit deux beaux oiseaux, ou des bêtes sauvages surprises en pleine danse de séduction. Tous les autres observaient en silence, sauf quand de temps en temps quelqu'un claquait dans ses doigts ou jetait dans leur langue un cri guttural.

Le spectacle était superbe, éclairé par la lune et parfois par l'éclat d'une flamme qui dessinait soudain la silhouette des danseurs, quand un des foyers, avant de s'éteindre, jetait ses derniers feux vers le ciel. Mais j'étais affamé, et n'avais aucune envie de passer la nuit à admirer leur danse.

Quand deux autres Gitans entrèrent dans la danse, j'allai trouver Don Carmelo et lui demandai quelque chose à manger. Sa réponse fut une gifle sur la tempe, si violente qu'elle me fit vrombir les oreilles.

— Je vais te donner une bonne raclée ! Il n'y a rien de mieux pour endormir un estomac vide ! me cracha-t-il en attrapant une bûche dans l'un des feux de camp et en la levant sur moi.

— Laisse ce petit nègre tranquille, lui jeta une jeune bohémienne d'un air indifférent. Réserve tes forces pour danser.

Don Carmelo laissa retomber son gourdin.

— Apprends à voler ta nourriture comme un vrai romanichel, me dit-il, et je t'apprendrai toutes les ficelles du métier. Mais si tu veux mourir de faim, reste assis à attendre ton repas ! Il ne viendra pas tout seul, ça, je te le promets !

Je n'en croyais pas mes oreilles, mais apparemment il parlait sérieusement quand il me conseillait de voler.

Je retournai de mauvais gré vers l'endroit où les mules dormaient et me fis un lit sous un arbre. Malgré les grondements furibonds de mes entrailles, je m'endormis, mais le lendemain je compris qu'il allait me falloir suivre le conseil de Don Carmelo si je ne voulais pas mourir de faim en route. Pendant tout le voyage, jamais il ne me donna à manger, sauf un croûton de temps à autre ou un os qui restait de son propre repas.

Que pouvais-je faire? J'étais un enfant de la ville. J'avais toujours été protégé et même, je le découvrais soudain, aimé. Je n'avais jamais connu la faim, le froid, ni l'abandon, comme à présent. Don Carmelo ne vivait que pour les soirées où il pouvait trouver un campement de romanichels, ou une taverne de Gitans en ville, et alors il s'abandonnait à ses danses bondissantes. Comment il parvenait à marcher toute la journée sur la grand-route et à danser encore la moitié de la nuit, je n'en sais rien. Il devait être en acier. Quant à moi, je volais des fruits ou des choux: une fois, j'eus la chance de ramasser une miche de pain tombée d'une gibecière, et je dévorai le pain sec avec voracité. Mais je ne pouvais me glisser dans un champ pour traire une vache ou une chèvre: je ne savais pas comment m'y prendre. Pas plus qu'attraper un pigeon ou un poulet et lui tordre le cou, ni prendre au piège un lapin, comme le faisait Don Carmelo.

Mais la nécessité est, dit-on, le meilleur des maîtres. J'appris bien vite à me jeter sur le sol et à m'endormir avec les bêtes dès que nous finissions de les décharger où que nous nous arrêtions, pré, bois ou cour de ferme, et à me lever avant l'aube pour aller m'asseoir, tout recroquevillé, sur les marches de l'église la plus proche, en tendant la main pour demander l'aumône. Je m'en remis à la mendicité, comme l'avait fait frère Isidro. L'esprit purifié et le cœur réchauffé par la messe, beaucoup de fidèles laissaient tomber un maravédis au creux de ma main, et je récoltais parfois assez d'aumônes à la porte de l'église pour acheter du pain pour toute la journée. Les mauvais jours, je me contentais d'aller frapper aux portes des maisons pour demander quelque chose à manger. J'étais si maigre, si sale et loqueteux, que bien des gens se laissaient attendrir, d'autant plus que je portais sur tout le corps les marques sanglantes des coups du muletier.

À l'heure où Don Carmelo, après avoir nourri ses mules et amarré le chargement (ce qu'il faisait avec le plus grand soin), cuisait son petit déjeuner (un oiseau qu'il faisait rôtir à la broche ou une saucisse qu'il grillait au bout d'une branche jusqu'à ce que des gouttes de graisse odorante commencent à tomber dans le feu en grésillant), j'étais de retour, avec une miche de pain achetée chez le boulanger grâce à l'argent de ma quête, et même parfois un œuf ou deux, que je cassais pour les gober tout crus.

Don Carmelo observa d'abord avec intérêt comment je m'y prenais pour mettre au point ma propre méthode de survie ; quand il lui sembla que je commençais à manger raisonnablement bien, il exigea sa dîme, sous la forme d'une miche de pain que je devrais lui apporter chaque matin.

Nous avions alors fini de traverser les plaines desséchées et poussiéreuses de la Manche et nous graissions les montagnes. Les nuits devenaient très froides. Mes chaussures étaient hors d'usage et je m'étais enveloppé les pieds de chiffons comme le font les chemineaux. La faim était revenue, car les villages étaient rares, et quand la tombée de la nuit nous trouvait en plein champ, nous montions le camp à la belle étoile. Don Carmelo, comme tous ceux de sa race, avait un flair infaillible pour trouver l'endroit idéal et finissait toujours par dénicher un coin bien abrité, près d'un point d'eau, protégé par le sommet d'une colline ou un bouquet de grands arbres. Mais quand il n'avait pas pour se distraire la compagnie des siens et de leur musique sauvage, il s'amusait à me battre.

J'endurai ce traitement jusqu'à notre entrée dans une ville de bonne taille, et là, je décidai de m'échapper et de chercher à rejoindre Madrid par mes propres moyens.

J'eus du mal à trouver l'occasion de fuir. Les Gitans savent lire dans les pensées, et Don Carmelo, j'en suis certain, lut mon projet sur mon visage comme dans un livre ouvert. Il se leva aussi tôt que moi, et je n'avais pas récolté trois maravédis au creux de ma paume qu'il était sur moi, m'attrapait par le col de ma chemise en loques, qui faillit lui rester dans la main, et me poussait rudement jusqu'à l'échoppe du boulanger. Quand j'eus acheté mon pain, il me le prit et s'éloigna, en sifflotant d'un air fanfaron entre deux bouchées de géant. Il ne me restait plus qu'à retourner, l'oreille basse, tenter ma chance sur les marches de l'église à la sortie de la prochaine messe. Mais j'avais à peine fait quelques pas qu'une énorme main poilue s'abattit sur mon épaule. Je sursautai, déjà affolé à l'idée que Don Carmelo était revenu me chercher. Ce n'était que Don Dimas, le boulanger de la ville.

– Tu appartiens à ce Gitan ? questionna-t-il rudement.

J'étais esclave, certes, mais cela ne m'empêchait pas d'être fier.

— Depuis quand les Gitans ont-ils des esclaves noirs ? rétorquai-je avec hauteur. Bien sûr que non. En raison de circonstances adverses (je cherchais les mots les plus longs et les plus impressionnants de mon vocabulaire), en raison de circonstances adverses, je fais partie de sa caravane. Il apporte un héritage à mon maître à Madrid. À quelle distance sommes-nous de Madrid ? ajoutai-je sans chercher à cacher mon anxiété.

Le boulanger, gros homme à l'air stupide, vêtu d'un tablier sale tout taché de poussière blanche et coiffé du bonnet caractéristique de son métier, se gratta la tête.

— Je ne sais pas au juste, marmonna-t-il. C'est loin, je crois. Personne d'ici n'y est jamais allé.

— Et que voulez-vous de moi, pourquoi m'avez-vous arrêté ? demandai-je alors.

— Mon fils est malade et j'ai besoin d'un jeune gars pour pelleter la farine et m'aider à préparer le four.

— Prenez-moi, prenez-moi !

Oubliant d'un coup mes grands airs, qui n'allaient guère, à dire vrai, avec mes haillons crasseux et mon regard affamé, je le suppliai sans vergogne.

— Prenez-moi ! Seulement, il ne faudra pas dire à Don Carmelo où je suis. Je préfère aller chercher mon vrai maître moi-même, le moment venu. Je ne veux plus subir tout le long de la route les coups de pied et les colères de ce Gitan.

Une lueur de cupidité s'alluma à ces mots dans les petits yeux du boulanger. Cela ne me prenait pas au dépourvu : c'était un regard que j'avais appris à reconnaître.

— Deux miches de pain par jour et une place où dormir, proposa-t-il.

— Non. Je veux manger ce que vous mangerez vous-même, viande ou fromage quand il y en aura, en plus de mes deux miches de pain, et aussi un bon manteau bien chaud quand je partirai.

— Combien de temps vas-tu rester ?

— Jusqu'à ce que votre fils aille mieux. Ou plutôt… non.

Je venais de penser que le garçon pouvait mourir et que je risquais d'être obligé de servir le boulanger pendant des mois et des mois.

— Non, je travaillerai pour vous quarante jours.

— Bon…

— Votre parole d'honneur que vous me donnerez ce que j'ai dit, exigeai-je, sinon je retourne immédiatement rejoindre le bohémien.

— D'accord, tu as ma parole.

Je vis qu'il était flatté que je lui aie demandé sa parole d'honneur.

— Devant un témoin, insistai-je.

Dieu sait où j'avais pris mes idées sur la protection légale, mais le boulanger était assez stupide pour se laisser impressionner, et il prit son air le plus solennel pour arrêter une de ses vieilles connaissances qui passait dans la rue, un ivrogne aux yeux chassieux qui se dirigeait vers le marchand de vin, et qu'il pria très sérieusement d'être témoin de son engagement.

Et c'est ainsi que je devins, provisoirement, et de ma propre initiative, l'esclave de Don Dimas.

Le Gitan ne me fit pas l'honneur de me chercher. Et je ne mis pas longtemps à découvrir que mon nouveau travail n'était pas de tout repos. La farine me volait dans les yeux et le nez, et me faisait tousser, et les grands plateaux de fer que nous devions garnir et mettre au four étaient terriblement lourds. Mais j'avais tous les jours de la soupe, avec parfois un morceau de saucisse, et pendant la journée, la chaleur du four me réconfortait. Je dormais dans un cellier derrière la boulangerie, et j'étais bien content qu'on ne soit pas encore en plein hiver, car j'y serais mort de froid. C'était un cagibi grossièrement bâti de lattes de bois assemblées par des lanières de cuir, et le vent qui soufflait juste avant l'aube se glissait par les interstices. Mais à cette heure-là, j'étais déjà debout et nous commencions à allumer les fours. La nuit, cela grouillait de rats, et je me tournais et me retournais sur mon petit tas de paille, guettant le mouvement où ils m'attaqueraient à coups de griffes et de dents. J'avais bien tort de m'inquiéter : ces rats étaient gros et bien nourris, grâce aux sacs de grains du boulanger. Les piaillements que j'entendais n'étaient que les bavardages qui accompagnaient leurs occupations nocturnes. Il y avait pourtant de temps en temps des grattements et des hurlements terrifiants, un vacarme qui évoquait un combat de démons. La première fois, je me réveillai en sursaut, épouvanté, mais ensuite je n'y prêtai plus attention, car ce n'était que le bruit des batailles quotidiennes entre les rats et les chats du boulanger. Il en avait beaucoup, des blancs, des noirs, des jaunes, des rayés et des tachetés, et il ne leur donnait jamais rien à manger, car lui aussi appliquait la théorie de Don Carmelo. Les chats, obligés de se procurer eux-mêmes leur nourriture, vivaient aux dépens des rats, empêchant ainsi les rongeurs de ruiner complètement le boulanger.

Don Dimas avait une femme pâlotte et maladive, et je ne pouvais m'empêcher de les plaindre, elle, son fils malade et même le boulanger harassé de travail. Ils ne me prêtaient pourtant guère attention, c'est à peine s'ils m'adressaient la parole. Mais je m'en tins à mon plan, et quand le temps convenu fut écoulé, j'allai demander mon manteau et prendre congé. Je devais rejoindre Madrid.

On me donna un manteau, en effet. La femme du boulanger l'avait confectionné exprès pour moi avec des restes de vieux vêtements tirés de ses coffres. C'était un curieux manteau, entièrement composé de pièces de toutes formes et dimensions, mais il était en laine et j'étais bien heureux de l'avoir. Je demandai aussi un vieux sac pour mon pain (j'avais mis de côté, sur mon salaire, sept miches entières pour être sûr d'avoir à manger en route) et je partis.

La route de Madrid montait vers le nord en serpentant, et je croyais que je trouverais sans peine un bourg avant la nuit ; mais je me trompais. Je dus, cette nuit-là, dormir à la belle étoile, transi de froid et de peur. Du moins, j'avais mon pain, et la nuit finit par passer. Le lendemain, vers midi, j'arrivai à un village, et là j'appris que Madrid était encore à cinq journées de marche.

La route était presque déserte, et dès que je voyais un marchand ou un gentilhomme aisé, je tâchais de le suivre de près. Le troisième jour, je suivis un jeune cavalier qui menait en bride un autre cheval ainsi qu'une mule qui portait ses bagages. À la fin de la journée, je m'approchai de lui et lui demandai timidement la permission de prendre soin de ses bêtes pendant la nuit et de marcher à côté de lui dans la journée.

C'était un beau jeune homme blond qui se retourna en amazone sur sa selle et se mit à m'examiner, sans s'arrêter, avec une évidente curiosité.

— Comment se fait-il qu'un petit négrillon en haillons comme toi parle un aussi bon espagnol ? questionna-t-il.

— Je suis l'esclave d'un gentilhomme, répondis-je fièrement, et j'ai été élevé dans une maison de l'aristocratie. C'est là que j'ai appris mon espagnol.

— Avec l'accent de Séville, commenta le jeune homme en souriant. Et que fais-tu sur la route du nord, et tout seul ? Tu t'es enfui ?

— Non.

Par prudence, je n'ajoutai rien.

Il réfléchit longuement et me sourit.

— Très bien. Tu peux voyager avec moi.

Nous dormîmes, cette nuit-là, sous les étoiles, et reprîmes la route le lendemain matin. Les chevaux semblaient dévorer les lieues, pourtant le jeune homme ne les poussait pas et maintenait un pas régulier. Quand il s'arrêta pour déjeuner, il me donna du fromage et du vin, et je lui offris solennellement de partager mon pain. Cette nuit-là, il s'arrêta à une auberge, et on me permit de dormir à l'écurie.

Les jours passèrent ainsi, je reprenais espoir. Je commençais à rêver de Madrid, de vêtements propres et d'une maison agréable, même s'il me fallait redevenir esclave. La liberté, je l'avais appris sur la route, se paie cher, et au long du chemin les faibles sont toujours victimes des plus forts.

La quatrième nuit, nous fîmes halte dans une auberge. Je déchargeai la mule, dessellai les chevaux, les bouchonnai et leur donnai à manger et à boire, puis le jeune gentilhomme me fit venir près de lui.

– Tu es un bon garçon, me dit-il gentiment, et un agréable compagnon. Mais à présent, il faut nous séparer, je ne peux pas entrer à Madrid avec un esclave. Personne ne croira que tu n'es pas à moi, et tu n'as pas de papiers pour prouver à qui tu appartiens. Je suis couvert de dettes et de créanciers, on te prendrait pour te vendre. Je préfère t'épargner cela. Voilà un réal pour toi ; mets-le dans ta ceinture, ou cache-le comme tu voudras. Et bonne chance.

Je n'ai jamais su son nom, et ne l'ai jamais revu. Je le regrette. Mais, avant que le jour ne se lève, je l'avais oublié, lui et tout le reste du monde, car je ne pouvais plus penser qu'à la souffrance que j'endurais.

Je me couchai dans l'écurie, près des chevaux, mais, au milieu de la nuit, je fus tiré d'un profond sommeil par une main qui tomba sur mon épaule et me jeta sur mes pieds. À la lueur tremblante d'une lanterne, je reconnus, tout près de moi, les dents de Don Carmelo, découvertes par son sourire cruel, et j'entendis sa voix sifflante pendant qu'il commençait à me frapper :

– T'échapper… pas vrai… et me laisser arriver sans toi à Madrid, petit crapaud noir ! Don Diego a refusé de me payer un seul centime tant que je ne te ramènerais pas ! Tout ce travail et tout ce chemin pour rien… Et en plus, il a fallu te chercher partout… Petite araignée ! Mais maintenant, tu vas venir à Madrid avec moi, et bien attaché à l'arçon de ma selle !

Il portait un fouet de cuir dont il me frappa sans pitié, tant et si bien que je finis par tomber évanoui, face contre terre. Je ne me rappelle plus guère ce qui se passa ensuite. Je me souviens vaguement de m'être traîné sur une route interminable, presque inconscient, attaché à une selle. Le sang séché collait mes hardes sur mes bras et mes jambes. Le fouet m'avait laissé au visage de longues balafres sanglantes qui me brûlaient affreusement. De l'entrée à Madrid, je ne me souviens absolument pas.

Il n'est resté dans ma mémoire qu'un seul incident, le dernier.

Il faisait noir. J'avais dormi ou somnolé. J'étais caché, je crois, entre des ustensiles de cuisine, des caisses et des ballots, au fond d'une cour inconnue. Tout mon corps me faisait mal et je pouvais à peine penser. Il n'y avait plus place dans ma tête vide que pour une seule idée : rester caché, ne pas bouger, surtout, ne pas bouger.

Alors j'ai entendu des pas et la lumière d'une lanterne a fouillé le tas de cageots. La terreur me paralysait : on me trouverait, j'allais encore être battu. Mais une voix appela mon nom :

— Juanico ! Sors ! Je t'en prie, sors de là. Le gitan qui t'a frappé a été renvoyé.

Je n'y croyais pas, et ne fis pas un mouvement ; mais la lanterne finit par me dénicher et, accroupi et recroquevillé en pleine lumière, je retins mon souffle comme une bête traquée.

— Pauvre petit. Viens, entre dans la maison. Il faut manger, et nettoyer ces plaies.

Quelqu'un me souleva et me porta dans une cuisine accueillante et chaude. Avant tout, on me servit un grand bol de viande hachée avec des oignons. Jamais rien ne m'a paru aussi délicieux. Je mangeai avec gratitude, sans penser à rien d'autre qu'à porter ma cuiller à ma bouche. Je sanglotais et hoquetais encore de peur. Petit à petit, je pris conscience d'une présence silencieuse à côté de moi. Je levai les yeux, et découvris un très jeune homme, avec une crinière de cheveux noirs et des yeux profondément enfoncés qui me regardaient gravement. Il était petit et mince, et ses vêtements sombres et bien coupés ne s'ornaient d'aucun bijou. J'imaginai qu'il devait être le secrétaire ou le clerc de la maison.

— Dites-moi, bégayai-je, le Maître, est-ce qu'il est bon ? Est-ce qu'il est gentil ? Est-ce qu'il va me battre ? Oh, qu'est-ce qu'il va faire de moi ?

— On va te soigner, te laver et te donner des vêtements neufs. Et tu ne seras plus jamais battu.

— Mais le Maître, que va-t-il faire de moi ?

— Je suis le Maître, Juanico. Je prendrai soin de toi. Tu vas apprendre à m'aider. Tu me seras utile dans la maison, mais ton travail ne sera pas trop dur.

C'était, pour lui, un long discours, je m'en rendis compte plus tard. Le Maître ne parlait jamais beaucoup. Quand on m'enleva mes vêtements collés par le sang, mes plaies se rouvrirent et se remirent à saigner, et je recommençai à trembler et à pleurer désespérément. L'onguent de vinaigre et de graisse de bœuf dont on me frictionna ensuite piquait affreusement, et je passai la nuit à gémir de douleur. Mais j'étais propre, j'avais une couche de paille fraîche recouverte de draps blancs, dans une alcôve bien tiède, près de la cuisine. Et surtout, j'étais hors de danger.

4

OÙ JE FAIS MON APPRENTISSAGE

Quels souvenirs ai-je gardés de ma jeunesse ? D'abord, le Maître et son atelier.

Au bout d'une semaine, j'étais rétabli, et on m'avait donné des vêtements neufs. Ils me plaisaient ; le Maître ne m'avait pas déguisé en singe apprivoisé, comme le faisait Doña Emilia, dont l'imagination naïve rêvait pour moi de soies brillantes et de turbans de couleur. Mon nouveau maître était un homme austère, et les falbalas ne l'intéressaient que s'il s'agissait de les peindre. Il m'acheta donc une bonne veste solide et confortable et des culottes en drap de laine, d'un tissage rustique, teints en brun foncé. Quand je vis mes mains et mes poignets bruns qui sortaient de l'étoffe brune, j'eus d'abord un mouvement de recul ; il me semblait que ce costume devait avoir l'air, sur moi, d'une deuxième peau aussi sombre que la première. Le Maître aussi fit un pas en arrière et fixa sur moi son regard détaché, impersonnel.

— J'ai trouvé un anneau d'or dans les affaires de ma tante, dit-il soudain, après m'avoir longuement dévisagé. Il t'irait très bien.

— C'est peut-être le second des boucles d'oreilles de ma mère, dis-je timidement. Maîtresse m'en avait donné une, mais je l'ai perdue sur la route. Elle m'avait dit qu'elle me garderait l'autre en dépôt.

C'était sûrement le Gitan qui m'avait volé ma boucle d'oreille pendant mon évanouissement. Mon réal aussi avait disparu.

Le Maître apporta l'anneau, et je le fis passer, avec respect, par le trou de mon oreille. C'était bien celui de ma mère, et j'étais heureux de sentir à nouveau le poids du métal contre ma joue. Le Maître parut satisfait du contraste de l'or brillant sur tout ce brun.

Cet anneau, je l'ai porté chaque jour pendant des années ; j'ai fini pourtant par le vendre, bien plus tard, en Italie. Mais je vous raconterai cela le moment venu.

La vie de notre maison était simple, mais aisée et confortable. La Maîtresse, Doña Juana de Miranda, était une petite femme ronde et remuante, très active et fort avisée dans les affaires du ménage. Elle avait un cuisinier et une servante entre lesquels elle répartissait tous les travaux ménagers. Je me demandais si le travail qu'elle attendait de moi ne serait pas trop dur, mais j'étais décidé à me montrer digne de sa confiance et à faire de mon mieux tout ce qu'elle voudrait ; au fond je n'étais pas inquiet. Je remerciais Dieu tous les jours d'avoir trouvé un bon maître et d'avoir échappé pour toujours au pouvoir de Don Carmelo et de gens de sa sorte.

Je mangeais à la cuisine, avec le cuisinier qui se mit vite à me gâter, et j'avais une petite chambre à moi, près de l'office. La pièce avait été construite à l'intention du cocher et du garçon d'écurie, mais le Maître ne possédait ni chevaux ni voiture. Quand il devait sortir, il marchait à pied, et Maîtresse louait une calèche une fois par semaine pour faire ses courses et ses visites.

Je compris vite d'ailleurs que mon unique tâche dans ma nouvelle maison serait de servir le Maître, et il ne me laissait même pas l'aider à s'habiller ni à ranger ses vêtements. Je n'avais qu'à les brosser et à cirer ses ceintures et ses souliers. C'était Maîtresse en personne, en bonne épouse qu'elle était, qui se chargeait de coudre et de raccommoder son linge et de veiller à ce qu'il soit toujours lavé et repassé de frais. Du reste, elle l'adorait, et je crois que cela l'enchantait de toucher et de réparer les affaires de son mari. Le Maître avait d'autres projets pour moi.

Les premiers jours, il m'avait laissé me reposer et me soigner. Mais dès que je fus guéri, il me dit simplement : « Suis-moi », et me conduisit à son atelier.

C'était une vaste pièce, au deuxième étage de la maison. Elle était presque vide, et une grande fenêtre ouvrant au nord laissait entrer à flots une lumière froide et pure. Plusieurs chevalets solides et massifs, une ou deux chaises, c'était tout, avec une grande table où étaient posés une palette, un vase plein de pinceaux, des chiffons, des pièces de toile et du bois pour les cadres. L'atelier était glacial en hiver et, en été, il y faisait chaud comme dans un four. Pendant les chaleurs, il était aussi envahi par les odeurs qui montaient de la rue et s'engouffraient par la fenêtre grande ouverte, odeurs d'ordures, de crottin et de tannerie, car il y avait un atelier de sellier un peu plus loin. Cela puait horriblement, mais le Maître ne s'apercevait de rien... ni du froid, ni de la chaleur, ni des mauvaises odeurs, ni de la poussière. La seule chose qui comptait pour lui, c'était la lumière, et je ne l'ai jamais vu de mauvaise humeur que les jours de pluie ou de brouillard, quand le temps le privait de la lumière qui était toute sa vie.

Pas à pas, il m'enseigna mon travail. Je dus d'abord apprendre à broyer les couleurs. Il avait pour cela beaucoup de mortiers et des pilons de toutes les tailles. Je découvris vite qu'il fallait travailler doucement et régulièrement les mottes de terre et les composés de métaux jusqu'à ce qu'ils soient réduits en une poudre aussi fine que la poudre de riz dont les dames se servent pour adoucir leur peau. Cela prenait des heures, et parfois, quand j'étais certain d'avoir obtenu un mélange aussi lisse que le satin, le Maître en prenait une pincée, la faisait rouler entre ses doigts sensibles et secouait la tête, et je devais alors recommencer à piler. Plus tard, il me fallut incorporer les poudres ainsi moulues aux huiles, en un mélange parfaitement homogène, et beaucoup plus tard encore, j'appris à préparer la palette du Maître, déposant à la place prévue un petit tas de chaque couleur en quantité variable selon la nuance, car il avait à ce sujet des préférences bien arrêtées. Et, bien sûr, il fallait aussi laver les pinceaux tous les jours, avec beaucoup d'eau et de bon savon de Castille. Le Maître devait trouver toutes ses brosses et ses pinceaux en parfait état chaque matin quand il se mettait au travail.

Beaucoup plus tard, je dus apprendre à tendre les toiles de coton sur leurs châssis, et quand je sus le faire à la perfection, il me fit faire la même chose avec le lin. Ce fut, pour moi, le plus difficile à apprendre.

Le Maître possédait tous les outils nécessaires pour tendre les toiles, et m'acheta quantité de bois pour m'entraîner.

Chaque fois que je montais un châssis et que j'y fixais une toile, en la clouant autour du cadre raidi par des chevilles de bois, je pouvais lire sur son visage les défauts de mon travail. Au début, mon point faible était la menuiserie. Mes coins ne s'emboîtaient pas, ou les côtés n'étaient pas exactement aux mesures, ou les chevilles étaient trop grossièrement faites. Oh oui, cela demandait beaucoup de soin et d'efforts, et je versai bien des larmes. Auprès de Doña Emilia, je n'avais jamais eu qu'à l'éventer, lui tendre sa bonbonnière ou tenir son ombrelle, elle n'en exigeait pas plus, du moins jusqu'à ce qu'elle se mette en tête de m'apprendre à écrire. Mais là, il s'agissait d'un vrai travail d'homme et je me désolais de sentir que je n'y arriverais jamais.

Un jour que je venais de rater pour la troisième fois l'assemblage d'un cadre sur lequel il voulait tendre une bonne toile de lin, le Maître posa sa palette, laissa son modèle qui grognait sur l'estrade, et vint me montrer comment faire. Ses doigts étaient longs et habiles, avec des poils noirs sur la deuxième phalange et de beaux ongles en amande. Bien des femmes lui auraient envié la délicatesse de ses mains. Il coupa et assembla les pièces avec des gestes précis, si aisés et si rapides que je perdis courage. J'avais gâché tant de bois pour rien ! Je mis ma tête dans mes mains et fondis en larmes.

Alors il me releva le menton avec un sourire bref, un seul éclair de ses dents blanches sous la petite moustache noire, et retourna aussitôt à son chevalet. Je saisis le bois et les outils, juste comme il venait de les tenir, et fis une nouvelle tentative. Et cette fois, je réussis. Je ne ratai plus jamais un cadre, et à partir de ce jour-là, c'est moi qui lui ai tendu toutes ses toiles.

Mais ce n'était que le début. Une fois la toile bien tirée et fixée sur son châssis, le tissu devait encore être préparé pour recevoir la peinture. Nous avions toutes sortes d'enduits, savamment élaborés. Le Maître savait par cœur chaque formule et me les enseignait une par une, au fur et à mesure de ses besoins.

Dans un accès d'enthousiasme, je lui dis un jour que je savais écrire et que je pourrais prendre note de tous les mélanges.

— Non, Juanico, dit-il, ce sont des secrets professionnels. Garde-les dans ta mémoire.

Il me fallut donc entraîner ma mémoire et retenir exactement les différentes façons de doser les mélanges et de préparer la toile selon l'usage auquel le Maître la destinait.

D'habitude, il se levait à six heures, et plus tôt encore en été. Il prenait aussitôt son petit déjeuner, toujours le même : une tranche de viande grillée et un morceau de pain. Parfois, il emportait une orange à l'atelier, et là, plongé dans ses pensées, il la pelait et la mangeait en réfléchissant au travail de la journée qui commençait. Il aimait la lumière du matin, encore fraîche de rosée, limpide, sans un seul grain de poussière dansante. Il passait toute la journée à l'atelier jusqu'au moment où la lumière déclinait, mais il ne peignait pas toujours. Il faisait aussi des dessins, beaucoup de dessins qu'il ne gardait d'ailleurs pas et qu'il jetait distraitement. J'ai pu en sauver quelques-uns. Il dessinait tellement, si facilement, si parfaitement, qu'au moment où il s'installait enfin au chevalet devant sa toile vierge, il lui suffisait d'un geste pour esquisser, à la pointe voltigeante de son fusain, les contours de son modèle, et quand il le corrigeait ensuite, ce n'était jamais que pour rectifier imperceptiblement le tracé d'une ligne.

Souvent aussi il restait seulement assis à regarder fixement... une pièce de velours drapée sur une chaise, ou un vase de cuivre, ou parfois moi-même.

Quand sa présence m'intimida un peu moins, je me risquai un jour à interrompre une de ses rêveries pour lui demander pourquoi il restait ainsi sans rien faire.

– Je travaille, Juanico, répondit-il seulement. Je travaille en regardant.

Je ne compris pas et, pensant que cette réponse énigmatique ne visait qu'à me faire taire, je gardai le silence. Mais au bout de plus d'une semaine, il se mit à parler comme si je venais à peine de poser ma question, et sa réponse fut :

– Quand je reste ainsi à regarder un objet, je cherche à percevoir sa forme, pour que mes doigts la possèdent déjà complètement au moment où je commence à en dessiner les contours. J'analyse aussi les couleurs. Par exemple, tu vois ce morceau de brocart, là, sur la chaise ? De quelle couleur est-il ?

– Bleu, répondis-je aussitôt.

– Non, Juanico. Il y a un léger arrière-fond de bleu, mais dans ce bleu il y a du violet, une touche infime de rose, et les reflets de la lumière sont rouges et vert vif. Regarde encore.

C'était de la magie. D'un coup, je les voyais, toutes les autres couleurs, exactement comme il venait de les décrire.

– L'œil est une machine compliquée. Il mélange les couleurs à notre place, expliqua le Maître. Le peintre doit défaire le mélange et les reposer sur la toile, nuance par nuance, et puis l'œil du spectateur prend le relais, et les mélange à nouveau.

— Si seulement je pouvais apprendre à peindre! m'écriai-je, enthousiasmé par cette révélation.

— Malheureusement, je ne peux pas t'apprendre, dit le Maître, puis il se tut et retourna à son chevalet.

Je réfléchis à cette remarque et, cette nuit-là, je la retournai longtemps dans ma tête sans pouvoir m'endormir; je ne parvenais pas à comprendre pourquoi il ne pouvait pas m'apprendre. Je conclus qu'il avait voulu dire: « Je ne veux pas t'apprendre », ou: « Je ne le ferai pas. » Je rejetai cette pensée tout au fond de ma mémoire, car elle me remplissait de tristesse. Je commençais à l'aimer, voyez-vous, et j'aurais voulu lui donner toute la loyauté de mon cœur. Mais ces mots étaient comme un petit ver qui rongeait mon affection.

Cette idée revint souvent me tourmenter pendant que je broyais les pigments, ou que je déplaçais un pot de fleurs qu'il était en train de peindre, ou que je tendais une nouvelle toile sur un châssis. Peut-être était-il simplement trop occupé? C'était une explication possible. Ou peut-être n'aimait-il pas enseigner. C'était possible aussi.

Je finis pourtant par apprendre la raison de son refus. Mais pas de sa bouche.

Nous menions une vie tranquille. Maîtresse était une femme soigneuse et économe, qui surveillait toutes les dépenses du ménage et était toujours occupée à coudre, raccommoder ou faire sa tapisserie. D'ailleurs, elle était très gaie et chantait souvent tout en s'affairant de chambre en chambre. Les enfants, deux petites filles, Francisca et

Ignacia (la *niña*), étaient encore des bébés, avec de grands yeux tendres et un babil délicieux qui était irrésistible. Le Maître les prenait souvent sur ses genoux et les regardait en silence, décrivant du bout du doigt la courbe douce de leurs joues d'enfant. J'aurais aidé Maîtresse avec plaisir à prendre soin des petites, mais elle ne me le demandait que très rarement. Il était admis dans la maison que j'appartenais au Maître, et en somme, cela m'allait très bien. À part ce désir de peindre qui me tracassait souvent, j'étais tout à fait content, et il me semblait que la vie s'étendait à présent devant moi, agréable et sûre, à l'abri du besoin.

Les pièces de la maison étaient vastes, couvertes d'épais tapis, avec des volets aux fenêtres pour arrêter le dur soleil de l'été et le vent glacial de l'hiver. Les rideaux étaient de velours rouge, ainsi que presque toutes les chaises, avec ici et là quelques notes d'un bleu sobre et profond. Il y avait un crucifix au-dessus de chaque lit, même le mien, et quand il faisait très froid, on mettait dans les chambres de nombreux braseros dont les charbons rougeoyants donnaient une chaleur délicate mais pénétrante. Il n'y avait pas une seule peinture du Maître sur les murs, couverts de tapisseries et de tentures ; toutes ses œuvres restaient à l'atelier.

Un jour, Maîtresse m'appela pour me demander de l'aider à ranger un grand coffre de bois sculpté que j'avais toujours vu au pied de son lit et où je supposais qu'elle gardait des couvertures et des vêtements d'hiver. Mais quand elle souleva le couvercle, je vis un arc-en-ciel de soies de toutes les couleurs, froissées et entassées n'importe comment.

– Aide-moi à les plier, Juanico, me dit-elle. Ensuite, nous allons les ranger par couleurs, les plus foncées au fond et les plus claires au-dessus. Ton maître prendra ce coffre dans son atelier, et tu devras veiller à ce que les étoffes soient toujours bien liées, dans cet ordre, et les lui apporter chaque fois qu'il voudra une tache de couleur ou un arrière-fond de tissu pour attraper la lumière. Tu vas avoir beaucoup à faire pour l'aider, maintenant, il va prendre des apprentis.

– Je croyais qu'il n'aimait pas avoir des apprentis autour de lui quand il travaille, balbutiai-je.

– La cour le lui a demandé. Ton maître est très profondément redevable à certaines personnes de la cour, et ne peut leur refuser cela. D'ailleurs, il a beaucoup de commandes d'églises, à présent, et il ne peut y faire face tout seul. Il va avoir besoin d'aide, pour les fonds et autres, et peut-être même pour faire des copies de ses œuvres.

– Je voudrais bien pouvoir apprendre à peindre, moi aussi !

La phrase m'avait échappé, je m'étais pourtant promis de ne plus jamais aborder le sujet.

– J'aimerais que ce soit possible, Juanico, mais il y a une loi en Espagne qui interdit aux esclaves la pratique des beaux-arts. L'artisanat, les métiers manuels, oui. Mais pas l'art. De toute façon, ne prends pas cela trop à cœur. Tes larmes vont tomber sur ce taffetas, recule un peu ; elles le tacheraient. Je sais que tu aimes les couleurs, Juanico. Tu pourras m'aider à choisir les couleurs de mes broderies, et je demanderai au Maître de te donner la responsabilité complète de ce coffre.

Je me souvins que Maîtresse, avant de devenir la femme d'un grand peintre, avait été la fille d'un autre, et je la crus.

C'était donc pour cela que je ne pouvais pas apprendre à peindre, que je ne pourrais jamais porter sur la toile ce que je voyais. Cela me fit de la peine, mais je n'éprouvai, ce jour-là, aucune rancœur pour ma condition d'esclave. Dieu sait que j'étais heureux avec mes maîtres. Je me sentais utile et estimé. La liberté ? J'en avais eu un avant-goût sur la route, et elle était cruelle pour un enfant noir. Je ravalai donc ma déception, et tandis que je traînais le coffre plein de couloir en couloir jusqu'à l'atelier, il me vint une idée qui me consola un peu. Si le Maître m'avait refusé, ce n'était pas parce que lui, personnellement, ne voulait pas de moi pour apprenti : il n'y pouvait rien ; il y était obligé par la loi.

Ce même jour, nous nous mîmes à préparer une chambre pour y loger les apprentis. Un charpentier vint poser un quatrième mur aux vieilles étables du fond de la cour. C'était un joyeux compagnon, qui coupait et ajustait ses planches en chantant, et il acheva en quelques jours deux coquettes petites chambres, meublées chacune d'une large couchette de bois en guise de lit et d'un bon coffre à cadenas dans lequel les apprentis pourraient serrer leurs affaires.

J'aurais bien aimé avoir moi aussi un coffre fermé à clé, mais on ne m'en donna pas, et je supposai donc que c'était encore là une chose interdite aux esclaves. Je chassai donc cette idée de mon esprit et me consacrai entièrement aux tâches qui m'attendaient.

Les apprentis, bien entendu, étaient libres et blancs, mais ils avaient envers le Maître des obligations particulières et ils devaient lui obéir, exactement comme moi ; en réalité j'étais plus libre qu'eux car je faisais partie de la maison. Je jouissais de la confiance du Maître, et il me la démontrait dans toutes sortes de petits détails familiers. Il traitait par contre les apprentis sur un pied de sévère autorité. Nous l'appelions tous « Maître », les garçons blancs aussi bien que l'esclave noir, car maître veut dire professeur, autorité, chef.

L'un des apprentis était un garçon à peine plus âgé que moi, d'environ seize ans. Il avait un visage tout rond, avec des joues roses et des yeux bleus, des cheveux blonds et le sourire le plus innocent. Il s'appelait Cristobal, et son père était sculpteur de sujets religieux. Nous crûmes tous, au début, que Cristobal était une âme simple. Mais il était intrigant et sournois, et nous comprîmes vite pourquoi son père n'avait pas voulu le prendre parmi ses nombreux apprentis pour lui enseigner le métier de la famille.

Cristobal était menteur et voleur. Les choses qu'il prenait, il essayait ensuite de faire croire que c'était moi qui les avais volées. Le Maître lui tendit un piège et le prit la main dans le sac ; il lui promit alors de le renvoyer à son père pour qu'il lui donne une bonne correction si jamais cela venait à se reproduire. De ce jour-là, Cristobal me laissa tranquille, même s'il ne résistait pas toujours à l'envie de me pincer ou de me faire un croche-pied.

Un jour qu'il avait volé un morceau de la soie bleu ciel du grand coffre, je me pris à espérer qu'il serait renvoyé pour de bon, mais le Maître se contenta de l'envoyer au lit sans dîner. Il ne frappait jamais personne. Je crois qu'il gardait Cristobal parce qu'il dessinait remarquablement bien. Il savait prendre un croquis au vol, attraper le mouvement d'un oiseau ou d'un chat bondissant pour gober un insecte, avec seulement quelques lignes suggestives, et il saisissait les ressemblances d'une façon miraculeuse pour son âge et son peu d'expérience.

Un soir après le dîner, alors que le Maître était installé devant un verre de vin rouge et quelques raisins, je l'entendis parler des apprentis avec Maîtresse.

— Renvoie-le chez lui, conseillait-elle. Il me met mal à l'aise, et j'ai peur qu'il ne fasse du mal aux petites un jour ou l'autre.

— Non, elles pleureraient et le dénonceraient, il ne s'y risquera pas. Il est bien trop lâche, dit le Maître tristement.

— Je ne l'aime pas.

— Moi non plus. Mais il a un talent exceptionnel.

— Et l'autre, Alvaro ?

— Un gentil garçon. Sérieux, bien élevé, appliqué. Ce ne sera jamais un peintre, malheureusement. Un bon copiste, peut-être.

Alvaro était fils d'un notaire de la cour. Il était petit et maigre, et bégayait. Pour comble, il avait l'estomac fragile. Je l'aimais bien, mais je m'occupais surtout de Cristobal. Je n'avais pas le choix : je devais être constamment sur mes gardes pour me défendre de ses ruses, moi, mes vêtements et les objets que le Maître avait confiés à ma surveillance.

Quand le Maître avait une commande de portrait (et à certaines époques de l'année il en avait beaucoup), je devais rester près de lui pour arranger les tables et les chaises sur l'estrade où posait le modèle ; je devais tenir prêt du bon papier à croquis, solidement fixé sur un support de bois léger. Je devais aussi lui fournir des bâtonnets de fusain soigneusement brûlés. Pour les fabriquer, je bâtissais dans l'arrière-cour un petit foyer entouré d'un muret de brique en ne laissant qu'une petite ouverture, et j'y faisais griller lentement des brindilles et des branches d'olivier jusqu'à ce qu'elles soient complètement carbonisées.

Je devais aussi ajuster les fenêtres de telle sorte que les taches de lumière, sur une robe de femme ou sur un habit d'homme, restent toujours à la même place. C'était une tâche très délicate et qui demandait beaucoup d'attention.

Le Maître était exigeant et maniaque sur tous ces points, mais j'étais le seul à savoir, une fois commencées les séances de pose, à quel point il était bizarre quand il s'agissait de son travail. Il avait toujours à portée de la main un drap qu'il laissait retomber sur la toile pour que personne ne voie ce qu'il était en train de faire; les modèles n'étaient autorisés à voir leur portrait qu'une fois celui-ci terminé. Souvent les jours passaient sans que le maître ait rien fait d'autre que regarder et réfléchir, face au modèle, et tracer une ligne ou deux de temps en temps.

Pourtant, quand il avait pris sa décision sur chaque détail, quand il avait arrêté toute la composition et analysé chaque ligne et chaque couleur, il saisissait le pinceau et se mettait à peindre à une vitesse étonnante. Il tenait son pinceau à quatre pouces du départ des poils, et sa palette, un large morceau de bois poli en forme de haricot, était toujours prête, avec toujours les mêmes petits tas de couleur dans le même ordre invariable. Près de son pouce se trouvaient les couleurs froides, terreuses, qui devenaient graduellement plus vives et plus chaudes avant de déboucher sur le plus gros monticule, celui du blanc. Quand il était plongé dans son travail, le Maître n'avait pas un coup d'œil pour sa palette; il plongeait son pinceau sans se tromper dans les couleurs voulues, prenait juste la quantité nécessaire et mélangeait sans regarder au centre de la palette pour obtenir la nuance qu'il avait choisie. Je l'avais vu préparer ainsi cent fois la même nuance, et l'appliquer directement sur la toile ; le mélange était toujours parfait.

Les touches qu'il posait sur la toile avaient souvent l'air, si on les regardait d'aussi près que lui, de taches grossières et incompréhensibles jetées au hasard. Mais si l'on s'écartait de quelques pas, ces taches et ces éclairs de crème claire ou d'ivoire se fondaient en un col délicatement froncé, ou devenaient le plus chatoyant reflet d'une robe de satin.

Jour après jour, je constatais ces métamorphoses avec la même surprise émerveillée : c'était de la magie. Le Maître, s'il remarqua ma stupéfaction, n'en dit jamais un mot, mais je surprenais souvent un fin sourire qui retroussait le coin de sa bouche silencieuse sous la petite moustache noire.

Il ne bavardait jamais en travaillant. C'était le modèle qui parlait, et le Maître prononçait à peine un mot de temps en temps, si le silence devenait trop pesant. Dans ces cas-là, il marmonnait : «Ah ?» ou : «C'est possible», ou encore : «Exactement.»

Mais il observait les gens. Un jour que le modèle venait de partir et qu'il travaillait sur un fond, le Maître me dit soudain :

— J'aime observer les gens pendant qu'ils parlent d'eux-mêmes, Juanico. C'est à ces moments-là qu'ils se montrent comme ils sont vraiment. Les femmes, par exemple, parlent d'elles comme s'il s'agissait d'un parent adoré à qui on pardonne toutes les sotties qu'il peut commettre : elles s'aiment. Quant aux hommes, ils ont l'air de s'admirer. Ils parlent d'eux-mêmes comme des juges qui ont déjà décidé que leur verdict est « non coupable ».

Je risquai :

— Est-ce qu'il n'est pas difficile de montrer ainsi aux gens ce qu'ils sont vraiment à travers leurs portraits ?

— Non. Personne ne sait jamais à quoi il ressemble vraiment. Redonne-moi un peu d'ocre.

Et il replongea dans son silence habituel.

Parfois, il lui arrivait de me peindre, pour ne pas perdre la main, ou de m'employer comme mannequin pour quelque tissu particulièrement difficile.

Après avoir appris aux apprentis à dessiner des vases, des fruits, des fromages, des jambons et toutes sortes d'objets, il commença à les laisser faire des croquis de personnes. Je leur servais souvent de modèle. Cela me permit de me venger de Cristobal, en bougeant imperceptiblement pour le gêner, et d'aider Alvaro, en conservant une immobilité parfaite quand je sentais son regard posé sur moi. Le Maître s'en rendit compte et me gronda, mais il m'arrivait, à moi aussi, d'être méchant. Cela m'attristait toujours de l'entendre critiquer le travail d'Alvaro et louer celui de Cristobal, et un jour, comme en réponse à la détresse qu'il voyait dans mes yeux, il m'expliqua ses raisons.

— L'art doit être vrai. C'est la seule chose dans la vie qui doit reposer sur la plus solide vérité. Sinon, il ne sert à rien.

Un jour, on frappa à la porte, et Maîtresse entra en trombe dans l'atelier, pâle d'émotion. Derrière elle venait, à pas lents, un messager du Roi. Il tendit au Maître un parchemin roulé, s'inclina et s'en fut. Maîtresse courut ouvrir les portes devant lui. Le Maître déroula le parchemin et le lut, tandis que les apprentis et moi observions un silence respectueux. Puis il le roula de nouveau, et reprit sa palette et son pinceau. Je me rappelle qu'il était en train de peindre un vase de bronze que j'avais bien du mal à déplacer continuellement de telle sorte que le soleil vienne toujours le frapper exactement au même point.

— Diego! finit par exploser Maîtresse. Je t'en prie, dis-le-moi! Ne me fais pas languir! Que disait le message du Roi?

— Il veut que je peigne son portrait, répondit enfin le Maître, les sourcils froncés.

— Oh, Dieu soit loué! C'est magnifique!

— Et on me donnera un atelier au palais.

Maîtresse se laissa tomber sur une chaise, qui émit un craquement menaçant. Elle dut s'éventer pour reprendre ses esprits. De petites boucles noires s'échappèrent de son chignon poudré et retombèrent sur son front. Ainsi, elle allait fréquenter la cour. Cela signifiait fortune, dignité, honneurs, une position qui dépassait ses rêves les plus audacieux.

Mais le Maître se taisait et continuait à peindre le vase. Il avait pâli. Enfin, il murmura pour lui-même, et je fus le seul à l'entendre :

— J'espère qu'ils n'ont pas chargé un courtisan de me choisir un atelier et de l'installer pour moi. Il me faut de la lumière. De la lumière. Le reste n'a pas d'importance…

5

OÙ RUBENS VISITE NOTRE COUR

Après une période de confusion et d'excitation, on réussit finalement à transporter et installer tous les chevalets du Maître, ses peintures, le coffre de soieries, les vases, les chaises et les draperies dans le nouvel atelier du palais, et nous pûmes recommencer à travailler.

Notre maison était située au cœur de Madrid, pas très loin de la Plaza Mayor, sur la rue Jeronimas. Chaque matin, à la première lueur du jour, avec un bon petit déjeuner chaud dans le corps, nous traversions la place et gagnions le palais. Les gardes apprirent bientôt à nous reconnaître et à croiser leurs épées en l'air pour nous faire passer dessous. Puis nous parcourions les longs corridors plongés dans le silence, où il faisait toujours froid malgré les tapisseries précieuses et les bannières alignées le long des murs. Nous montions ensuite un large escalier, redescendions une autre colonnade, et arrivions enfin à notre atelier, où nous trouvions toujours un garde portant la livrée de Sa Majesté. Mon maître était désormais au service de la Couronne.

Plusieurs semaines passèrent pourtant sans que nous voyions Sa Royale Majesté. Nous avions souvent la visite de son favori, le gros duc d'Olivares, qui entrait comme une trombe dans l'atelier, parlant fort et claquant les portes, plusieurs fois par jour quand il se trouvait à Madrid. C'était un gros homme toujours ruisselant d'une sueur graisseuse ; ses cheveux noirs étaient presque toujours mal peignés, et son ventre faisait invariablement sauter les boutons de sa veste. Je trouvais le duc vulgaire, et je me méfiais de lui d'instinct, car, malgré ses sourires et ses éclats de jovialité, il avait de petits yeux méchants. Mais je lui pardonnais tout, car il semblait sincèrement dévoué à mon maître et proclamait inlassablement que toute l'Europe retentirait un jour du nom de Velázquez, le plus grand de tous les peintres.

Je me souviens du jour où Sa Majesté entra pour sa première séance de pose. C'était l'automne, et le soleil qui pénétrait par les fenêtres de l'atelier était d'un or pâle, baigné de fraîcheur. Deux pages entrèrent d'abord, soufflant dans des trompettes. Deux autres pages les suivaient, brandissant deux étendards, puis le Roi pénétra dans la pièce. Nous tombâmes presque tous à deux genoux ; le Maître, lui, avait mis gracieusement un genou en terre, et posé sa main droite sur sa poitrine, au-dessus du cœur.

Le Roi était grand et très pâle, la peau blanche et rose et des cheveux jaunes comme de la soie à broder, brillants et bien brossés. Il marchait à pas lents, et chaque pas soulevait sa chevelure légère, qui retombait doucement avant de voler à nouveau. Il avait de larges épaules, mais ses jambes étaient longues et maigres sous les bas de soie noire. Son visage était osseux et plutôt triste. Le sourire timide qu'il adressa au Maître semblait quêter l'approbation, et je sentis que, malgré ses vêtements précieux et tous ces gens à genoux devant lui, malgré les pages, leurs trompettes et leurs étendards, il doutait et avait besoin d'amitié. « Pauvre Roi, pensai-je, pauvre de toi, si tu veux devenir l'ami du Maître. Avec toute son amabilité, il est taciturne et silencieux, et ne pense qu'à la peinture. Il ne te parlera pas. »

Mais le silence du Maître, ses gestes mesurés et ses rares paroles devaient être pour le Roi un soulagement, car il commença à fréquenter l'atelier régulièrement, peut-être pour échapper à toutes les heures interminables de bavardage frivole et de creuses flatteries. Il avait évidemment appris à se méfier des phrases dorées des courtisans.

Le premier portrait que le Maître fit du Roi fut une simple étude de la tête seule. Son large visage aux traits accusés était légèrement tourné de trois quarts, mais les yeux bleu pâle et prudents regardaient le peintre bien en face.

Au-dessus de sa mâchoire lourde et proéminente, la bouche était fermée et les lèvres impassibles. Déjà, ce premier portrait laissait deviner la vision du Maître ; c'était le visage d'un homme soupçonneux, mais tendre et plein d'espoir.

Ces heures de pose du Roi étaient très étranges. Tout le monde sortait quand il arrivait ; moi seul restais dans l'atelier, pour tendre au Maître un fusain neuf ou un autre pot de couleurs mélangées de frais. Très vite, le Roi donna des ordres qui nous dispensaient de l'étiquette ; nous n'étions tenus qu'à la révérence qui saluait son entrée. Le Maître, habituellement, restait immobile, à regarder et réfléchir. Parfois, il se jetait dans un travail intense. Un silence absolu régnait. Je rôdais autour d'eux aussi discrètement que je pouvais, et tâchais de ne faire aucun bruit qui puisse leur rappeler ma présence. Un jour, je sentis monter un éternuement, et quand, malgré mes efforts désespérés pour le réprimer, il finit par exploser, avec un vacarme assourdissant qui fracassa le silence, j'eus l'impression d'avoir commis un crime. Le Maître ne dit rien et ne me jeta pas un regard. Quant au Roi, il rompit la pose et à la suite, je suppose, de quelque mystérieuse association d'idées, il sortit de sa manche un mouchoir de dentelle et moucha le nez royal.

Le Maître, de temps en temps, se réservait un petit moment de liberté juste avant midi. Ces jours-là, il me disait de le suivre, et nous montions à l'un des étages les plus élevés du palais, à une fenêtre d'où le regard s'étendait jusqu'à l'horizon.

— L'espace est le meilleur remède pour les yeux que l'on oblige toujours à regarder les choses de trop près, m'expliqua-t-il. Cela me repose, ces montagnes dans les lointains, tout ce ciel. Et cela me plaît d'observer la lumière.

Quand il était prêt à redescendre, il ramenait son regard sur ce qui l'entourait et le posait sur moi d'un air pensif, et j'observais toujours comment ses yeux se réaccommodaient. Il avait des yeux très noirs et profondément enfoncés dans les orbites, et il était difficile de deviner ses pensées. Du reste, il avait appris à contrôler son visage, qu'il avait rendu impossible à force de discipline. On dit que les Espagnols sont impétueux et exubérants, mais ce n'est pas vrai. Le Maître était aussi froid et peu émotif qu'une de ses peintures, et son visage ne changeait jamais d'expression.

La journée passait ainsi, sauf l'heure du déjeuner où le Maître retrouvait sa famille. Je mangeais maintenant avec le cuisinier, car les apprentis étaient servis au palais. Parfois, le Maître était convié par le Roi à quelque dîner officiel ou à un spectacle de la cour ; il ne pouvait, bien sûr, refuser ces invitations. Rien ne trahissait son impatience, mais je percevais la réticence de ses doigts quand il me tendait ses pinceaux à laver ou déposait sa palette. Souvent, il laissait échapper un soupir, mais obéissait pourtant avec la grave courtoisie qui le caractérisait. La seule personne qui l'irritait, au point que parfois il se mordait les lèvres comme pour ravaler une remarque agacée, était le bruyant duc d'Olivares, qui interrompait brutalement les conversations les plus tranquilles et rompait le silence des séances de pose avec toute la grâce d'un cheval de trait qu'on a adopté pour mascotte et qui ne doute pas une minute qu'on soit toujours heureux de le voir, même s'il piétine tous les rosiers.

Les hivers étaient rudes dans l'atelier. Le Maître ne permettait pas qu'on le chauffe, et je me suis souvent demandé comment il pouvait continuer à peindre avec les mains glacées. Les apprentis avaient des gants de laine dont ils avaient coupé le bout des doigts. À la maison, Maîtresse portait un manchon pendu à son cou par un ruban, et quand elle n'avait pas les mains occupées à quelque ouvrage, elle les y plongeait aussitôt. Quant à moi, je demandais au cuisinier une cuvette d'eau bouillante où je réveillais mes mains engourdies jusqu'à ce qu'elles retrouvent leur souplesse après une longue journée dans l'atelier glacial.

Mais le soir, nous étions au chaud.

Maîtresse nous donnait à chacun de chaudes couvertures de laine, et au repas du soir elle s'asseyait avec le maître autour d'une table couverte d'une nappe de feutre qui pendait jusqu'à terre et leur couvrait les jambes, et sous laquelle elle avait disposé un brasero de braises rouges qui leur gardait les pieds au chaud. Les petites filles restaient au lit presque tout le jour, et on ne leur permettait de sortir jouer qu'en plein midi, au plus fort du soleil.

Puis, peu à peu, le froid cédait, le vent qui descendait des montagnes encore couronnées de neige se faisait moins glacial, les pierres du palais retenaient leur haleine gelée. Le printemps arrivait, chargé de pluies, de flaques et d'éclaboussures de boue. Pourtant, comme je l'aimais ! Nous retrouvions soudain le monde des sons, les gens qui s'appelaient dans la rue toute la journée, les marchands qui criaient leurs marchandises, les chevaux et les voitures qui couraient à grand vacarme. Alors le Maître dénouait les écharpes qu'il avait portées tout l'hiver roulées autour de son cou et dépouillait, un à un, les épais vêtements qui lui avaient donné un faux air de corpulence.

Avec l'été, une chaleur brûlante tombait sur nous, dans l'éblouissement du ciel sans nuages, et il était de bon goût de soupirer, de s'éventer et de se plaindre d'étouffement. Mais pas chez nous ! Nous étions de Séville, nous adorions le soleil cuivré de l'été. Le Maître travaillait en chemise de fine batiste, et, les manches relevées au-dessus du coude et les bras libres, il faisait de grands gestes ronds de ses pinceaux. Il peignait toujours prodigieusement pendant l'été.

Les années commencèrent donc à passer ainsi, et je grandis. Je m'en aperçus quand il fallut commencer à me raser. Le Maître me fit cadeau d'un beau rasoir avec une lame en acier de Tolède, comme celui dont il se servait lui-même. Ma voix devint profonde et sonore. Je chantais souvent en travaillant et le Maître prenait plaisir à m'écouter.

Je me rappelle à présent un jour de 1628. Le Roi entra, précédé de pages et de trompettes, et vêtu d'un costume de velours bleu marine avec un grand col de dentelle. Il était rare qu'il soit aussi solennel. Le Maître pressentit qu'il venait annoncer quelque importante cérémonie et, posant palette et pinceaux, tomba sur un genou pour entendre la nouvelle.

Le Roi le releva, en posant sa main blanche et fine sur le velours noir de l'épaule de mon maître.

— Le peintre Rubens, que protège le Régent des Pays-Bas, vient rendre visite à notre cour, dit-il de sa voix douce et bègue, marquée d'un léger zézaiement. Il est accompagné d'une suite nombreuse d'esclaves et de domestiques, auxquels je veux donner des appartements au palais. Rubens est, à ce qu'ils disent, le plus grand peintre de l'Europe. Je vous saurais gré, Don Diego, d'être son guide et son mentor tant qu'il restera chez nous à Madrid.

— Ce sera un honneur pour moi, répondit le Maître.

— Le soir de l'arrivée de Rubens, poursuivit le Roi, je donnerai une réception et un banquet, qui sera suivi d'un bal. Madame Velázquez, je l'espère, sera assez remise pour y assister.

Le Roi fit mine de partir ; les trompettes portèrent leurs instruments à leurs lèvres, mais il revint et posa à nouveau sa main couverte de bagues sur l'épaule du Maître.

— Je ne vois pas comment il pourrait être meilleur peintre que vous, Diego. Je ne le crois pas. Mais nous lui accorderons ce qu'il attend de nous.

— Je serai heureux d'apprendre de son art, dit le Maître avec simplicité.

Je crus qu'il disait cela par pure politesse, car la courtoisie lui était naturelle, mais j'appris bientôt à mieux connaître l'homme auquel j'appartenais. La vérité est qu'il avait pour son art le plus grand des respects, celui de ne jamais s'en croire le maître. Tant qu'il vécut, il chercha toujours à en apprendre davantage, pour mieux le servir.

Le lendemain même, après le banquet officiel et la réception, Rubens vint visiter l'atelier du Maître. C'était un grand bel homme au teint coloré, large d'épaules et corpulent, avec des cheveux bouclés d'un blond roux et une barbe et des moustaches d'or. Une fois échangés révérences et compliments, ils me firent courir en tous sens pour apporter des pinceaux neufs, des toiles vierges et des chiffons, afin que Rubens montre à mon maître comment il peignait les cheveux, comment il s'y prenait pour les étoffes et de quelle façon il élaborait ces teintes de chair transparente qui l'avaient rendu si célèbre.

Ils n'avaient pas de mal à se comprendre. Rubens connaissait bien notre langue, malgré son accent rugueux.

— Ne pourriez-vous faire venir un modèle nu, une femme ? demanda-t-il tranquillement. Cela me permettrait de vous donner une véritable illustration de ma façon de travailler.

Le Maître eut un mouvement de recul. Notre cour était puritaine, et il ne peignait jamais de nus.

— Je crains que ce ne soit impossible, expliqua-t-il. Sa Majesté est très susceptible sur ce genre de choses. Nous pourrions cependant visiter l'atelier d'un sculpteur que je connais, et qui emploie parfois des modèles masculins très légèrement vêtus ; malheureusement, les modèles sont des paysans vigoureux et tannés par le soleil, qui ne sauraient offrir ces tons de porcelaine et de chair rosée que vos propres toiles présentent, ajouta-t-il d'un air réprobateur.

– Mes patrons m'ont beaucoup parlé du talent des sculpteurs religieux espagnols, dit Rubens avec empressement. Je serais ravi d'en voir un travailler.

C'est le duc d'Olivares qui leur arrangea pour le lendemain une visite à l'atelier de Gil Medina, un sculpteur qui travaillait le bois et la pierre avec de nombreux apprentis. Je les accompagnai, chargé du cahier de croquis de mon maître.

Comme Maître Medina traitait des thèmes religieux, un couvent avait mis à sa disposition un de ses grands patios. C'était un lieu de travail idéal, d'autant plus que certaines des statues étaient de très grandes dimensions et auraient difficilement pu tenir sous le plafond d'une pièce fermée, si ample fût-elle.

Le duc d'Olivares marchait devant, à grandes enjambées conquérantes, son large feutre vert foncé rejeté en arrière de sorte que les plumes s'étalaient sur son col. Un petit homme grognon à face de fouine, pas plus haut que moi, vint à notre rencontre et lui fit une profonde révérence.

Le duc fit les présentations :

– Voici notre sculpteur, un fidèle chrétien et le meilleur sculpteur sur bois de toute l'Europe. Don Gil, voici Pierre Paul Rubens, peintre du Régent des Pays-Bas. Et le peintre de notre propre cour, Don Diego Rodríguez da Silva y Velázquez.

Le sculpteur murmura, en se frottant les mains :

– En quoi puis-je être utile à Vos Seigneuries ?

— J'aimerais vous voir travailler, répondit Rubens. Mais ne vous dérangez pas pour nous. Je ne ferai que jeter un coup d'œil.

— Considérez cette maison comme la vôtre, répondit Gil Medina, à la mode espagnole.

Pendant que Rubens et mon maître visitaient, je restai quelques pas en arrière et observai les apprentis. Beaucoup étaient de tout jeunes garçons, de cinq ou six ans à peine. Ils apprenaient à tailler du bois tendre en suivant les traits dessinés à l'avance. Les plus grands, déjà plus habiles, travaillaient à de grands bas-reliefs installés sur des établis. Il y avait aussi plusieurs tables couvertes de dessins minutieux, à l'échelle. Contre les murs se dressaient toutes sortes de statues, depuis Notre Dame entourée de saints en robes flottantes, des anges sur le point de s'élancer dans les airs sur leurs grandes ailes emplumées, jusqu'à des crucifix. Le Christ en croix et quelques statues de saint Sébastien et d'un autre saint que je ne pus identifier étaient les seuls à être représentés nus, mis à part les pagnes imposés par la décence. Je vis Rubens s'arrêter pour les examiner en détail, et suivre du doigt les contours taillés, puis reculer pour admirer leurs proportions parfaites. Je n'entendais pas tout ce qu'il disait, mais la réponse du duc d'Olivares m'éclaira complètement : cette voix de tonnerre portait au moins à une lieue.

— Eh bien, j'envoie souvent à Maître Medina un criminel condamné à mort ou aux galères, pour lui permettre de travailler directement d'après nature. En général, nos paysans sont trop fiers pour poser ainsi. Mais quand un homme est condamné aux galères, il est trop heureux de se voir retrancher quelques années de sa peine, et je peux le lui obtenir s'il accepte de rendre à notre sculpteur le service de se laisser crucifier quelques heures ou écarteler un peu sur le chevalet. Maître Medina copie ces merveilleuses expressions d'angoisse sur des visages véritables, je peux vous l'assurer! Bien sûr, nous ne clouons jamais personne sur la croix, mais même quand on n'est que suspendu par de fortes toiles, la torture est atroce!

Moi, Juan de Pareja, j'ai entendu cela de mes propres oreilles, et mon cœur sombra.

Mais Rubens répondit calmement:

– C'est ainsi que l'on crucifiait les voleurs, dit-il. On ne les clouait pas, on les attachait seulement pour les pendre à la croix.

– Exactement, répondit Medina.

Rubens continua:

– Je comprends que vous étudiiez des modèles vivants pour représenter l'expression du Christ quand il est encore en vie. Mais, ajouta-t-il en désignant du doigt une gigantesque statue qui montrait le Crucifié, plus grand que nature, pendant de la croix avec l'abandon et la résignation absolue de la mort, mais où prenez-vous vos modèles pour cela?

Le duc éclata de son énorme rire et se pencha tout près de Rubens et de mon maître pour leur murmurer à l'oreille quelque chose que je n'entendis pas. Alors il les guida vers un autre couloir, puis passa une porte qui ouvrait sur un autre patio. Je fis mine de les suivre, car j'avais instruction de ne jamais m'éloigner de mon maître – je portais toujours un sac avec des mouchoirs de rechange et de la monnaie, car un gentilhomme ne porte pas d'argent sur lui, sans oublier son matériel de dessin –, mais Maître Medina me retint. La porte se referma sur Rubens et mon maître.

— Reste ici. Ils vont revenir, me dit Maître Medina, et il se remit au travail sur un visage d'ange qu'il finissait de tailler.

Je m'écartai, mais, avant le retour de mon maître, un des apprentis s'approcha de moi et me glissa :

— Ils ont apporté un homme mourant, et le Maître l'a fait pendre à la croix, et il y est mort. Nous avons tous fait des croquis. C'est le duc qui s'occupe de cela.

Une peur affreuse m'envahit.

Le petit apprenti se mit à rire et me jeta un coup d'œil rusé.

— De toute façon, il allait mourir ; il était condamné à la torture et à la mort. On en a seulement profité.

Ils revenaient de l'autre patio. Le visage de mon maître n'exprimait rien. Et je ne pouvais l'interroger sur ce que je venais d'apprendre. Je me demandais si je saurais jamais toute la vérité de cette histoire. Peut-être l'apprenti avait-il menti pour le plaisir de voir ma mine terrifiée. Les jeunes gens me tourmentaient souvent ainsi. J'étais un esclave, et je ne pouvais pas me défendre. Mais je serai franc. Même si j'avais été libre, je ne me serais pas battu avec eux. J'aurais fui, loin d'eux... le plus loin possible.

La cruauté m'a toujours rempli de dégoût.

Nous retournâmes au palais, et le Maître me renvoya en disant qu'il allait rentrer à la maison se reposer. J'allai m'étendre sur mon lit et tâchai de dormir, mais devant mes yeux défilaient, comme une procession de statues, le visage de Gil Medina, avec le regard avide de ses yeux de belette, l'image souffrante du Crucifié et les jeunes visages voraces et cruels des apprentis.

Il devait y avoir cette nuit-là un autre banquet au palais, où je devais accompagner mon maître ; aussi, dès que le soir tomba, je me levai, me lavai et me vêtis avec soin. Le Maître sortait juste de sa chambre, habillé de noir, comme d'habitude. Cette nuit-là il portait un costume de lourd brocart, fermé par de brillants boutons de jais sculpté. Un grand col blanc s'étalait sur ses épaules, d'une toile si fine qu'on aurait pu voir à travers. Ses cheveux souples, soigneusement peignés, dégageaient son front et retombaient en vagues le long de son cou. Il ne portait aucun bijou.

– Bien, Juanico. Viens, nous allons voir ce qu'ont fait les apprentis avant de revenir chercher ta maîtresse. Elle ne se sent pas très bien, mais elle tient à assister à ce banquet. Tu prendras un flacon de sels pour elle et un éventail.

En arrivant à l'atelier, le Maître prit son temps pour examiner le travail des apprentis. Enfin, il prit un pinceau et traça sur le tableau de Cristobal un grand trait rouge destructeur, puis il regarda en silence la toile d'Alvaro, ce qui était une marque d'approbation.

Il leur avait donné à faire une nature morte : un morceau de fromage moisi, du vin dans un verre et une croûte de pain dur. Le tableau de Cristobal était superbe : le vin d'un rouge brillant miroitait à travers le cristal, le fromage était crémeux et doré, et le pain restait dans l'ombre.

Alvaro, lui, avait peint le fromage sec et couvert d'une moisissure verdâtre, tel qu'il était en réalité, et il y avait même posé un gros ver repoussant.

— Alvaro sans imagination ! commenta le Maître avec un sourire. Il y avait un ver ?

— Oui, Maître.

Quelle sottise, pensai-je. Il aurait dû chasser le ver, au lieu de le peindre.

Cristobal boudait.

— J'aimerais savoir, avec tout le respect que je vous dois, dit-il d'un air fort peu respectueux, pourquoi ma peinture a été détruite.

— Pour t'apprendre à ne pas embellir. C'est une grande tentation.

Cristobal fit un effort visible pour ne rien ajouter, mais il ne put se contenir. Il regarda le Maître, et la révolte se lisait dans ses yeux brillants.

— Je croyais que l'Art devait être Beauté, marmonna-t-il.

— Non, Cristobal. L'Art doit être Vérité. Et la Vérité, sans fioritures, sans sentimentalisme, est la Beauté. Tu dois apprendre cela, Cristobal.

Le garçon était blessé et furieux. Son tableau lui plaisait, c'était clair, et il s'était attendu à des louanges. Quant à Alvaro, il restait assis à son chevalet, abasourdi.

— Alvaro a peint honnêtement, et son tableau est plein de vérité. Dites-vous : « Il vaut mieux que je peigne exactement, à la perfection, ce que je vois, même si c'est laid, plutôt que de peindre avec indifférence quelque chose de joli superficiellement. » Dites-vous : « L'Art est la Vérité, et pour servir l'Art, je ne dois jamais tromper. »

Je ne sais pas si les deux garçons s'en sont souvenus, mais moi, je n'ai jamais oublié.

6

OÙ JE TOMBE AMOUREUX

Je vous ai parlé de beaucoup de gens, mais je n'ai guère parlé de moi. Pourtant, le soir de ce banquet, il faut que je ramène votre attention sur ma personne, car il m'arriva ce soir-là quelque chose dont j'ai gardé le souvenir au fond de mon cœur pendant toutes ces années.

Le banquet était un grand dîner officiel, servi dans la plus vaste et la plus élégante des salles du palais. Les seigneurs et les dames qui avaient des esclaves les avaient amenés, comme c'était l'usage, pour qu'ils restent derrière leurs chaises et puissent les servir à tout instant : leur tendre un mouchoir, éventer les dames, ramasser une épingle à cheveux échappée. Certains des nobles les plus riches étaient servis par des parents, mais beaucoup de gens avaient un ou deux esclaves. Je connaissais plusieurs jeunes esclaves noirs qu'on formait pour servir de valets à leurs maîtres, tandis qu'on enseignait le plus souvent aux filles les travaux d'aiguille et la broderie pour en faire d'expertes couturières, comme l'avait été ma mère ; d'autres étaient des sortes de gouvernantes, responsables des enfants, et qui servaient aussi de nourrices quand c'était nécessaire.

Cette nuit-là, derrière la chaise d'une dame de la suite de Rubens, je vis une jeune fille de mon âge, d'une pâleur délicate mais avec les grands yeux sombres et les cheveux aux boucles serrées des gens de ma race. Elle avait entre les mains une lyre, mais ses doigts volaient librement sur les cordes d'or, car l'instrument étaient pendu à son cou par de larges rubans de soie.

Quand on débarrassa les viandes et qu'on apporta les fruits et les desserts, la maîtresse de la jeune fille lui fit signe et, saisissant l'instrument, celle-ci commença à en tirer des accords répétés, tout en regardant en l'air comme si elle méditait et attendait l'inspiration. Alors elle commença une chanson étrange, poignante, d'une voix aussi haute et cristalline que les notes qu'elle tirait des cordes de sa lyre.

J'imaginai que la chanteuse, une Africaine dans toute sa beauté, avait vécu parmi les Arabes. Peut-être même avait-elle du sang arabe. Son chant ressemblait à leur musique, plainte mélodieuse et infinie dont elle modulait chaque note au fond de sa gorge vibrante avant de l'exhaler dans le complexe dessin d'un labyrinthe d'arabesques sonores. Elle chantait les yeux fermés, et son visage était un masque de peine et de nostalgie. À quoi pensait-elle – foyer perdu, êtres chers qu'elle ne reverrait pas ? Je ne pouvais supporter sa chanson, si belle pourtant, car elle était pleine de questions sans réponse et la tristesse me transperçait le cœur.

Quand elle eut fini, la compagnie l'applaudit avec enthousiasme et il y eut une traînée de commentaires animés. Elle attendit simplement, la tête baissée, que le silence revienne. Alors elle pinça quelques accords, entama aussitôt une vibration rythmique et, sur ce fond sonore, elle lança un chant, un mince flot de sons hauts et clairs, d'une voix gaie et espiègle. De temps en temps, elle s'interrompait pour tambouriner sur le bois de son instrument avec ses doigts ou la paume de sa main, en levant les yeux pour regarder la compagnie. Quand on lui demanda une troisième chanson, elle chanta une lente complainte profonde, intense et douloureuse.

Je ne comprenais pas le langage de son chant et je n'avais jamais entendu jusque-là une musique comme la sienne. Et pourtant je la comprenais. Elle parlait au sang qui coulait dans mes veines, et me racontait une histoire de séparations et d'adieux que je reconnaissais dans ma propre chair.

Le lendemain, j'essayai mille moyens de revoir la jeune fille. J'inventai toutes sortes de prétextes pour m'approcher du couloir où la suite de Rubens était logée, mais je n'eus pas de chance. C'est par hasard que j'appris qu'elle s'appelait Miri.

Je pensais constamment à elle, et j'avais le plus grand mal à venir à bout de mes tâches habituelles. Le Maître me jeta plus d'un regard sévère et il dut me répéter plusieurs fois les ordres les plus simples. Le visage de Miri, sa tête penchée sur son cou souple, ses grands yeux sombres, ses mains agiles, l'envoûtement de son chant occupaient toutes mes pensées.

Peu après, Maîtresse entra et interrompit mon maître qui peignait en attendant un message de Rubens à propos d'une autre visite qu'il souhaitait faire avec lui : elle venait lui apporter une lettre de celui-ci, arrivée un instant avant. Pendant que le Maître la lisait, Maîtresse m'observa ;

je soupirais tout en broyant de la terre brûlée au fond d'un mortier.

— Je crois que Juanico est amoureux, Diego, remarqua-t-elle. Pauvre enfant, ajouta-t-elle en me regardant avec gentillesse. L'amour est une chose terrible.

Je restai d'abord stupéfait, puis je compris soudain qu'elle avait raison. Oui, l'amour était une chose terrible, puisqu'il causait de telles souffrances.

Le Maître replia la lettre.

— Renvoie le messager, s'il te plaît. J'enverrai Juanico porter la réponse tout à l'heure.

Il continua à peindre une heure peut-être, et j'étais sur des charbons ardents, car j'espérais pouvoir profiter de ma course pour *l'apercevoir*. Puis il s'assit calmement, et écrivit quelques mots, qu'il signa, comme toutes ses lettres, d'ailleurs très rares, d'un grand «V».

Je suis sûr que le Maître avait deviné ma passion et ne m'envoyait porter son message que pour me donner l'occasion d'approcher la jeune fille qui avait gagné mon cœur. Je savais qu'il était bon, mais je n'avais encore jamais compris jusqu'où il était capable d'aller, à sa façon silencieuse, pour faire plaisir aux autres.

Je pris donc sa lettre, mais avant de courir la porter à Rubens, j'allai d'abord me laver les mains, brosser mes souliers et rajuster mes vêtements. Quelle chance que mon maître ait choisi de me donner des habits d'homme au lieu de m'affubler de turbans et de robes de soie comme un fakir ou un histrion… Jamais je ne lui en avais été aussi reconnaissant que ce jour-là.

Les gardes me laissèrent passer sans difficulté, je n'avais qu'à montrer le «V» qui signait le billet, et finalement il n'y eut plus entre moi et Rubens qu'un grand majordome hollandais. Je demandai à être mené immédiatement devant le Maître. Le majordome grogna quelque chose en flamand, et j'entendis aussitôt un rugissement venu de l'intérieur de la pièce. C'était la réponse de Rubens.

– Fais entrer ce garçon tout de suite. J'attends un mot de Maître Velázquez.

Je n'étais pas encore devant le peintre qu'une dame hollandaise, qui traînait sur le dallage du couloir une robe de soie bleu pâle, sortit en trombe d'une des chambres, une cuvette à la main. Une autre dame, vêtue de blanc, essayait de la réconforter, et je les entendis parler à voix basse.

– Que se passe-t-il ? leur cria Rubens, et la dame en blanc répondit :

– C'est la petite esclave, Miri. Elle a une nouvelle attaque, et sa maîtresse est inquiète.

– Attends, me dit Rubens, je vais ajouter un mot à ma lettre.

Il s'assit et écrivit rapidement.

– Nous avons besoin d'un docteur. J'espère que ton maître pourra veiller à ce qu'on nous en envoie un bon, le plus vite possible.

Je courus à toutes jambes jusqu'à notre appartement, bouleversé, et j'arrivai haletant et le souffle coupé.

– Va chercher le docteur Mendez, et mène-le chez Rubens, me dit le Maître. Tu sais où le trouver.

Je repris ma course. J'étais souvent allé chez le docteur Mendez, car Ignacia était sujette à des accès de toux qui faisaient mourir sa mère de peur.

Le docteur Mendez était un homme maigre et pâle, aux yeux bordés de profonds cernes noirs. Il avait toujours l'air de n'avoir pas assez dormi, et peut-être était-ce vrai. Il était d'une famille de nouveaux chrétiens, à ce que je savais, et on disait qu'il possédait toute la science des grands médecins juifs et arabes. Le Roi aussi lui faisait toute confiance et le consultait souvent.

Je trouvai le médecin dans son laboratoire, où il faisait bouillir quelque chose dans un flacon, au-dessus d'une flamme d'un bleu ardent. Sa table était couverte de mortiers, d'étuves et de bouteilles de potions. Il préparait lui-même ses remèdes et ses onguents, et ne permettait à personne de l'aider, par crainte d'une erreur. Je dus attendre que sa préparation ait atteint son point exact de cuisson. Alors il posa le flacon, mit ses lunettes, et se tourna vers moi.

Je lui donnai le message. Aussitôt, il se prépara à me suivre, remplit en un instant un petit sac et sortit en courant.

Quand il parvint aux appartements de Rubens, je le suivis jusqu'à la chambre de la malade ; il régnait une telle confusion que personne ne pensa à m'en empêcher.

Ma belle Miri était là, à demi allongée sur une chaise. Sa tête pendait sur le côté et elle avait de l'écume aux lèvres ; ses yeux avaient tourné et on n'en voyait plus que le blanc. Au bout de ses bras abandonnés, ses mains s'agitaient et tremblaient comme des fleurs sur une tige fragile.

Le docteur fit un geste qui mit fin instantanément à l'agitation des dames ; elles reculèrent pour le laisser s'approcher de Miri, et il déboucha une bouteille qu'il se mit à agiter sous son petit nez. Au bout d'un moment, elle secoua la tête, puis bâilla et toussa. Il continua de suivre son nez avec sa bouteille ouverte jusqu'à ce qu'elle se redresse et que ses yeux reprennent leur position normale. Elle jeta autour d'elle un regard effrayé, et de grosses larmes remplirent ses yeux et ruisselèrent sur son visage désolé.

— *Ay*, Maîtresse, s'écria-t-elle en pleurant. Cela a recommencé ?

La dame en bleu s'approcha et lui prit la main gentiment.

— C'est que tu me fais si peur, Miri !

Elles employaient l'étrange espagnol de la cour des Flandres, mais je les comprenais.

— J'ai tellement honte, sanglota Miri, en se cachant le visage dans les mains et en essayant de se faire toute petite sur la chaise trop grande.

Le docteur Mendez lui tapota l'épaule d'un geste réconfortant et referma son flacon.

— Je n'aurais pas pu faire grand-chose, de toute façon. C'est le haut mal, n'est-ce pas ?

— Oui. Elle pousse un cri terrible, puis elle tombe, et les convulsions la prennent ; ses yeux tournent, et elle écume. Elle a l'air de souffrir tellement…

— Nous ne connaissons aucun moyen de lui venir en aide, dit le docteur Mendez tristement. Essayez, quand elle pousse son cri d'avertissement, de vous assurer qu'elle ne tombe pas sur une surface dure ni dans le feu. Et rassurez-vous, Madame. Je ne crois pas qu'elle souffre réellement, sauf après, quand elle s'afflige de vous avoir causé de l'embarras et de vous avoir effrayée.

— J'ai si peur, gémit Miri, je dérange Maîtresse, je lui crée des soucis, un jour elle en aura assez de moi… elle me vendra…

— Ne dis pas des choses pareilles, Miri, dit sa maîtresse d'une voix apaisante. Allons, allons.

Mais Miri, mon amour, ma beauté, pleurait toujours inconsolablement.

Je m'étais toujours senti heureux et reconnaissant d'avoir un maître aussi bon que Don Diego ; je n'avais jamais vraiment souffert d'être un esclave, sauf à cause de l'impossibilité d'apprendre à peindre. Toute vie a ses inconvénients. Mais je remarquai que la maîtresse de Miri n'avait pas promis de ne pas la vendre, et peut-être...

Mon cœur, comme celui de la pauvre Miri, se serra de frayeur. La menace qui dort au fond de la conscience de tous les esclaves venait de s'éveiller en moi, et je me demandais à mon tour : est-ce qu'on finira par me vendre ?

Rubens et toute sa suite quittèrent bientôt notre cour pour continuer leur voyage vers l'Italie, et la séparation me brisa le cœur, car je savais que jamais plus je ne reverrais Miri. Pourtant, malgré mon chagrin, cette autre peur qu'elle m'avait enseignée persista. L'écho d'un chant lointain, le tintement argentin d'un psautier ressuscitaient aussitôt dans mon esprit son cri désolé : « Maîtresse se lassera de moi... elle me vendra... »

Les enfants, à ce qu'on dit, se réveillent souvent en pleurant, parce qu'ils ont rêvé que leur père ou leur mère était mort.

Désormais, je me réveillais souvent en larmes, terrifié... J'avais rêvé qu'on me vendait.

7

OÙ JE VISITE L'ITALIE

Les mois passèrent, et au début je pensais à Miri chaque jour. Mais le Temps est un traître qui nous apprend à accepter l'absence. J'étais jeune et les jeunes cœurs ne peuvent être tristes indéfiniment.

Nous avions à présent un appartement au palais, près de l'atelier, où le Maître pouvait se reposer, où Maîtresse venait faire sa couture et où les petites filles jouaient à faire rouler un ballon sur le sol de pierre. Les deux filles du Maître grandissaient et devenaient chaque jour plus vives et plus charmantes. L'une de mes tâches les plus difficiles était de les empêcher d'entrer dans l'atelier, car elles adoraient y suivre leur père, trottinant derrière lui de toutes leurs petites jambes.

Pendant les mois d'été, le Maître ne fermait pas toujours la porte de l'atelier, et il n'y avait pas moyen de leur barrer le passage. Je passais mon temps à les prendre par leurs petites mains tièdes pour les ramener à leur mère, souvent souffrante ou distraite et qui ne pouvait leur courir après toute la journée.

Le Roi venait souvent à l'atelier poser pour un portrait, et il se fit peindre plusieurs fois avec un de ses chiens favoris à ses pieds. Les chiens, à la longue, s'attachaient à moi, et cela me donna l'idée de trouver un animal domestique pour les petites filles du Maître. Pas un gros chien. Peut-être un petit. Ou même un chaton.

Un jour, je demandai la permission de sortir faire mes dévotions à une église hors du palais, et Maîtresse en profita pour me charger de quelques commissions. Je devais aller d'abord chez le marchand de boutons du grand marché, près de la Puerta del Sol, et choisir six boutons bleus pour une robe qu'elle finissait de tricoter pour l'une de ses filles, puis je devais chercher un herboriste et acheter une petite mesure de feuilles séchées de roses de Castille. Alvaro s'était réveillé avec les yeux gonflés et collés, et il souffrait beaucoup ; elle voulait lui préparer une infusion de roses de Castille ; c'est un remède souverain pour rafraîchir et soigner les yeux, et le Maître baignait souvent les siens dans l'infusion refroidie, pour conserver sa vue perçante.

Je sortis gaiement, car l'église me donnait toujours une grande sérénité et une grande force intérieure. L'odeur de cire fondue des bougies et le parfum épicé de l'encens me réjouissaient comme un voyageur qui rentre chez lui et qui sait qu'on l'attend avec amour. Je joignais les mains et priais pour mes morts bien-aimés, et aussi, bien sûr, pour Maîtresse, pour mon maître et pour le Roi. Plus tard, j'ajoutai aussi une prière pour Miri. Quand je m'agenouillais, il me semblait qu'un ange m'enveloppait de ses ailes et repoussait loin de moi toute la laideur et tout le malheur du monde.

Il ne me fallut pas longtemps pour faire les courses dont Maîtresse m'avait chargé, et je me mis à la recherche d'un petit animal pour Paquita – c'est ainsi que l'on appelait Francisca.

Les cuisiniers du palais avaient beaucoup de chats pour faire la guerre aux rats jour après jour, mais c'étaient des bêtes rudes et sauvages, qui n'allaient pas du tout à des petites filles. J'avais vu un jour de petits chatons ébouriffés, si doux et si tendres sous leur épaisse peluche de soie que, quand on les prenait dans la main, ils ne pesaient pas plus qu'un moineau. On vendait ces chatons pour les enfants ; des marchands arabes les apportaient d'un pays d'Asie Mineure. Avec leurs yeux ronds vert et or et leurs petits nez roses, ils étaient irrésistibles. Je connaissais près de la Puerta del Sol une dentellière qui avait un couple de ces chats et qui vendait souvent les petits.

Cette femme s'appelait Doña Trini. Elle m'avait pris en amitié parce qu'elle m'avait vu plusieurs fois au marché et, à ce qu'elle proclamait, je lui portais chance ; elle faisait ces jours-là des affaires merveilleuses et vendait beaucoup.

Quand elle me voyait, elle m'appelait toujours :

– Hé, Negrito ! Viens un peu, fais-moi une croix dans la main pour me porter chance aujourd'hui.

J'allais à présent demander ma récompense.

Quand j'arrivai à la porte de son échoppe, elle était occupée à vendre un col de dentelle à une dame élégante, mais elle s'interrompit pour me lancer un large sourire et me faire signe de l'attendre. Je retins mon souffle et concentrai sur elle mes pensées, pour faire venir la chance, et cela réussit, car la dame acheta trois cols et compta une bonne poignée de doublons d'or dans la main de Doña

Trini. Je fis un pas en arrière pour laisser sortir la dame de la boutique, car souvent les personnes blanches ne voulaient pas que je marche sur leur ombre, craignant que cela n'attire le mauvais sort, et je prenais toujours soin de ne pas les effrayer.

— Negrito ! appela Doña Trini de l'intérieur de la boutique. Tu m'as encore porté chance ! Viens, je vais te donner un gâteau de dattes.

Son petit visage ridé rayonnait ; ses doublons représentaient plusieurs semaines de dépenses, et je voyais ses petits yeux brillants pétiller de bonne humeur.

— Doña Trini, je vous remercie, mais je suis venu vous demander autre chose. Pas un gâteau de dattes.

Son regard se chargea aussitôt de soupçons ; elle craignait que je ne lui demande de l'argent.

— Et quoi donc, Negrito ? Je suis une pauvre femme, et presque tout cet argent que je viens de gagner avec les trois cols que tu m'as vue vendre, je le dois déjà. Mais je te donnerai ce que je pourrai parce que tu es mon talisman.

— Je voudrais un petit chaton blanc.

Elle se mit alors à sautiller en claquant des mains de plaisir, et à faire tourbillonner comme une enfant ses larges jupons bruns et noirs.

— Je vais t'en donner un ! Une beauté ! J'ai vendu tout le reste de la portée, mais celui-là, c'est le plus petit et le plus joli de tous !

Elle se rua dans l'arrière-boutique, où elle travaillait à sa dentelle et où se trouvaient sa cuisine et sa chambre, et en ramena une petite boule de fourrure blanche. J'entendis la mère chatte protester gentiment : « Miaou ? » en voyant partir le chaton.

— Regarde-moi ça, s'il est mignon ! Personne n'en a voulu parce qu'il a un œil bleu et l'autre vert, mais toi, Negrito, tu es sorcier ! Tu sais sûrement que c'est signe de chance ! D'une chance merveilleuse ! Tiens, prends-le. Je te le donne !

Elle me tendit le chaton et je le mis dans ma veste ; je n'avais pas fini de la reboutonner qu'il ronronnait déjà paisiblement. Je rentrai à notre appartement aussi vite que je pus. Je me doutais que Maîtresse devait s'impatienter. Elle m'attendait en effet sur le seuil de la porte en frappant nerveusement du pied les dalles de la cour.

— Je ne pourrai plus t'envoyer faire des courses, Juanico, me gronda-t-elle, je ne t'enverrai plus en ville si tu y traînes si longtemps.

— Maîtresse, j'ai pris le temps de chercher un petit cadeau pour Paquita. Regardez !

Et, plongeant la main dans ma veste, j'en sortis le petit chaton tout vibrant, avec son joli visage maquillé.

— Oh, Moushi ! cria Maîtresse, et elle le posa contre son cou où il se nicha aussitôt. Merci, Juanico !

Elle posa le chaton par terre, et Paquita courut le ramasser en poussant des cris perçants. Le chaton, apeuré, se tapit contre le sol avec un petit sifflement comique. Mais Maîtresse alla lui chercher une pelote de laine de couleur et en déroula un bout devant lui. Bientôt, Paquita et Moushi (car ce nom lui resta toujours) jouaient gaiement ensemble. Même la *niña*, ravie, vint gazouiller avec eux.

Moushi devint la mascotte de la maison. Les enfants étaient si occupées à jouer avec lui qu'elles ne cherchaient plus à forcer la porte de l'atelier. Même le Maître, certains soirs, jouait gravement avec le chaton, et quand Moushi fut devenu un grand chat sobre et imposant, il prit l'habitude de s'installer après le dîner, en ronronnant, sur un bras du fauteuil du Maître.

Avant que ce printemps-là ne laisse la place à l'été, le Roi vint un jour en grande pompe rendre visite au Maître et lui donna mission de partir en Italie, voir les chefs-d'œuvre dont Rubens avait parlé, acheter pour le palais des tableaux et des statues, et escorter à Naples l'infante Maria, dont il devrait aussi faire le portrait. L'Infante, sœur du Roi, devait bientôt être mariée à Ferdinand III, roi de Hongrie.

Quand le Maître en parla à Maîtresse, elle se récria :
— Et les enfants ? Je ne peux pas les emmener, et je ne supporterais pas de les laisser seules !
— J'irai seul. Avec Juanico, uniquement, répondit-il.

Maîtresse pleura, piétina, menaça de se jeter par la fenêtre du quatrième étage du palais. Mais le Maître la calma avec une infinie patience, et finit par lui promettre de l'emmener avec les enfants à Séville, où elles habiteraient chez son père pendant son absence.

Mes préparatifs furent rapides. Je n'avais qu'à rassembler mes quelques trésors dans un mouchoir et à en nouer les pointes. Pour le Maître, ce ne fut guère plus compliqué : il n'emportait que le costume qu'il portait sur lui et un autre de rechange. Il voulait acheter des toiles et des pinceaux en Italie.

Le Roi donna ordre de faire sceller et garder nos appartements du palais jusqu'à notre retour, et mit aussi une garde à notre maison de la ville. Maîtresse se tracassait, faisait emballer soigneusement tapis et tentures avec des herbes aromatiques pour empêcher que les mites ne les mangent, et cacha son argenterie sous une dalle de la maison. Enfin, pâle et en larmes, elle se déclara prête pour le voyage, et nous partîmes.

Nous allions dans deux voitures, le Maître, Maîtresse, Paquita et la *niña* devant ; la servante de Maîtresse, le cuisinier et moi dans la seconde voiture – une voiture moins luxueuse, sans ressorts ni coussins. Mais les chevaux n'en tiraient pas moins bien, et nous arrivions toujours ensemble à la même heure aux mêmes auberges. Dans notre voiture, il y avait encore un autre passager, qui voyageait dans une boîte que le Maître avait fait faire spécialement pour lui, avec des trous au couvercle pour lui permettre de respirer et des poignées pour que je puisse le porter sans risques. C'était le pauvre Moushi, qui trouva ce voyage détestable de bout en bout, et ne cessa de gémir dans sa boîte jusqu'à notre arrivée.

J'éprouvai, pendant cette traversée de l'Espagne, des sentiments contradictoires. Je ne saurais dire, encore maintenant, si j'étais heureux ou non. D'un côté, je me réjouissais d'être au chaud dans une voiture, d'avoir matin et soir des repas chauds, et du pain, du vin et des fruits quand nous nous arrêtions en cours de journée. J'étais heureux de dormir dans une cuisine bien chaude, au lieu d'une étable crasseuse ou du sol dur et glacé des nuits à la belle étoile. Et pourtant, les terreurs de mon premier voyage sur cette route me poursuivaient, et je craignais presque de voir surgir le Gitan grimaçant, avec ses sourires fourbes et son fouet brandi.

Nous arrivâmes enfin en vue de la tour dorée de la Giralda de Séville, et franchîmes le pont qui enjambe le flot brun du Guadalquivir. Alors des larmes de nostalgie me brouillèrent les yeux, avec le souvenir de tous ceux que j'avais aimés dans cette ville, ma mère, mes anciens maîtres, jusqu'au frère Isidro. Je décidai de me mettre à la recherche du petit moine, mais les choses tournèrent de telle façon que je n'en eus pas le temps.

Nous arrivâmes à la maison des Pacheco au milieu d'une confusion complète, et les chevaux épuisés tirèrent les voitures dans la cour. On les détela aussitôt et on les emmena pour les panser, les bouchonner et les nourrir. Tous les autres, la famille de mon maître et la famille Pacheco au grand complet, serviteurs compris, se mêlèrent en une rage d'embrassades, de larmes et d'exclamations, tandis que les domestiques couraient en tous sens pour décharger les bagages, mener les enfants à leurs chambres pour les baigner et les cajoler, et écouter les nouvelles de Madrid et de la cour. Tout ce bruit et cette confusion finirent par donner au Maître une de ses migraines. Il en souffrait parfois à cause d'un excès de fatigue nerveuse, quand il y avait trop d'excitation autour de lui, et il alla s'allonger dans la chambre qu'il devait partager avec Maîtresse. Je lui apportai des linges mouillés d'eau froide et lui donnai une de ses pastilles. Le docteur Mendez lui avait préparé des pilules avec un peu d'opium, pour calmer la douleur et lui permettre de dormir quand la migraine le prenait. À dire vrai, il n'en avait jamais souffert avant d'être forcé de passer sa vie à la cour et d'assister à tant de cérémonies officielles.

Quand Maîtresse put enfin s'arracher aux bras de son père, de ses sœurs et cousins, et des vieux serviteurs qui lui demandaient sa bénédiction, elle vint s'occuper du Maître. Je sortis alors voir ce que devenait le pauvre Moushi et tâcher de l'habituer à cette nouvelle maison inconnue. Mais j'avais tort de m'inquiéter pour lui. Paquita l'avait sorti de sa boîte et lui avait donné de l'eau fraîche et un peu de crème, après quoi elle s'était pelotonnée avec lui pour dormir. Le petit chat et la petite fille, blottis l'un contre l'autre, soupiraient ensemble dans leur sommeil. Je ressortis sur la pointe des pieds et allai voir où on avait prévu de me loger. Maître Pacheco m'avait préparé des couvertures dans un coin de son propre atelier.

Tant que le Maître fut souffrant, d'abord abattu par ses migraines, puis pâle et faible pendant plusieurs jours, je ne pus quitter la maison, et dès qu'il se sentit mieux, il décida de partir sur-le-champ, car nous devions attraper, à Barcelone, un des vaisseaux du marquis de Spinola. Il allait nous falloir prendre le premier caboteur côtier que nous pourrions trouver. Je renonçai donc à l'idée de chercher frère Isidro, mais je demandai à Maîtresse, si jamais il apparaissait, de bien le traiter et de le secourir d'un peu de pain et de quelques oranges, si elle le pouvait. Il n'y avait là aucune impertinence. J'avais toujours fait pour elle beaucoup d'œuvres charitables et je connaissais sa générosité.

Au moment des adieux, je me tins à l'écart pendant que le Maître embrassait sa femme, puis se penchait pour recevoir les baisers des deux petites filles. Alors, brusquement, un cyclone en robe de bébé se jeta contre moi, en s'agrippant à mes genoux et en criant entre ses larmes :

– Juanico pas partir ! Juanico pas laisser Paquita !

Et elle était inconsolable. De toute ma vie, jamais personne n'avait pleuré de me voir partir, et c'est une expérience que j'ai gardée précieusement dans ma mémoire et qui m'a souvent réchauffé le cœur.

Je ne me rappelle pas grand-chose de cette première journée de mer, si ce n'est la tristesse et la nostalgie qui s'emparèrent de moi en arrivant sur les quais, car ils me rappelaient mon ancien maître, qui avait passé tant d'heures de sa vie à ses magasins du port. Une fois à bord de notre petit navire, je m'occupai de ranger le bagage de mon maître et de préparer son lit dans l'étroite cabine. Nous partîmes à la tombée de la nuit, avec la marée, et tout alla bien jusqu'à ce que nous soyons en pleine mer. Alors, les gémissements du Maître me réveillèrent en sursaut. Il souffrit pendant toute la traversée d'un horrible mal de mer, sur le crasseux petit bateau qui roulait et tanguait sur les vagues, et n'eut un peu de répit que quand nous accostâmes à Malaga et dans un ou deux petits ports de mouillage.

Nous finîmes par arriver à Barcelone, et passâmes à bord du vaste galion du marquis. Le Maître était pâle et absolument terrifié, mais cette traversée fut beaucoup moins pénible et se passa assez bien, encore qu'il ne pût rien avaler à part un peu de vin et de pain sec. Pourtant, en débarquant à Gênes, la première chose que nous fîmes avant même de chercher une auberge fut d'aller à l'église rendre grâces à Dieu. Je crois qu'après cela mon maître considéra toute sa vie la mer comme une invention du démon.

Nous trouvâmes une auberge modeste mais propre. Le Maître m'expliqua que, pendant tout notre voyage en Italie, je devrais dormir sur une paillasse dans la même chambre que lui ; il voulait m'avoir toujours à portée de voix. J'en étais très content, pas seulement à cause du confort que cela représentait, mais parce que moi aussi je redoutais la solitude. Lui et moi, après tout, nous nous connaissions bien, et nous pouvions rester ensemble sans parler pendant des heures entières sans nous sentir seuls.

J'allais souvent à la cuisine de l'auberge préparer les repas de mon maître, car il était habitué à manger surtout du pain et de la viande, tandis que les Italiens ne mangeaient que des pâtes qu'ils servent avec toutes sortes de sauces épicées, et presque pas de viande. Et quand le Maître se sentit assez remis pour sortir, aller voir des œuvres d'art, visiter collections et boutiques, choisir et marchander, je l'accompagnai, portant son livre de croquis, son mouchoir propre et son argent, que je gardais dans une ceinture bien serrée autour de ma taille.

Les villes italiennes que nous visitions nous paraissaient plus sales et moins accueillantes que les villes d'Espagne, bien que les gens y fussent gais et bruyants. Il y avait partout des voleurs et des coupe-goussets, et on me bouscula plus d'une fois, mais ils ne trouvèrent jamais dans ma bourse que des fusains roulés dans du papier et des chiffons à dessin. Alors les voleurs me maudissaient dans leur barbe et me jetaient des regards noirs. Les Italiens étaient, à mon goût, beaux et avenants en général, mais au début je ne comprenais pas leur langue et je n'eus longtemps d'affection pour eux qu'à travers leurs œuvres d'art ! Plus nous explorions, mon maître et moi, les collections immenses, plus nous voyions de peintres et d'ateliers, et plus l'admiration me submergeait. Vraiment, ce pays-là ne vivait que pour l'art, et on pouvait bien lui pardonner les défauts qu'il pouvait avoir par ailleurs.

Pour rejoindre Rome, mon maître nous loua deux places dans une calèche. C'était un long voyage ; habituellement, je n'engageais jamais la conversation avec le Maître, qui n'aimait pas les moulins à paroles, mais nous étions les deux seuls voyageurs espagnols, et il m'encouragea cette fois à exprimer mes impressions au fur et à mesure que le paysage défilait devant nous.

— La lumière, ici, est toute différente de celle de l'Espagne, me dit-il alors que nous roulions lentement entre des champs de blé doré où des bleuets et des coquelicots brillaient au milieu des épis. Ici, la lumière paraît liquide, avec un doux reflet tremblant comme celui du feu. En Espagne, elle est nette, aiguë, aveuglante. Les ombres sont plus profondes, plus dramatiques, là-bas. Ici, l'ombre est discrète et adoucit les contours des objets.

Je sentis que je pouvais l'interroger :

— Cette différence de lumière, Maître, vous la voyez aussi dans la peinture d'ici ?

— Oui.

— Et vous ferez des copies de tableaux à Rome, comme à Gênes et à Florence ?

— Bien sûr. Je veux copier des œuvres de Michel-Ange, et aussi de Raphaël, et du Tintoret.

— Mais pourquoi, Maître ? Pourquoi toutes ces copies ?

— D'abord, c'est un ordre du Roi. Et puis, j'apprends en copiant. Je crois que c'est même la meilleure manière... C'est comme si un des grands maîtres du passé me donnait une leçon : je copie ses couleurs, ses ombres, ses drapés. Et c'est comme s'il était là, derrière moi, pour me guider et me conseiller.

Je ne dis rien, car depuis notre arrivée en Italie, je luttais contre la tentation d'acheter de la toile, des couleurs et des pinceaux, pour essayer, dans ce pays où personne ne me connaissait, de peindre moi aussi. Et voilà que le diable revenait me tenter, et de quelle manière ! Car, s'il était possible d'apprendre en copiant, pourquoi ne me mettrais-je pas à copier, moi aussi, et à apprendre à peindre ? Le Maître, quand il était occupé, ne s'inquiétait pas de savoir ce que je faisais. J'avais, si je voulais, le temps et l'occasion.

Où trouver l'argent pour le matériel ? Le Maître me donnait bien une pièce de temps en temps, mais cela n'aurait pas suffi à couvrir de telles dépenses. Alors je vendis mon anneau d'or, le seul objet que j'avais gardé de ma mère, le seul qui lui eût appartenu et servi. Cela vous donne une idée du besoin que j'éprouvais d'avoir un pinceau et des couleurs entre les mains. Et à la première occasion, dès que nous fûmes assez bien installés à Rome pour que le Maître se soit créé une routine quotidienne, je profitai des heures qu'il passait dans une galerie de peinture pour aller m'installer seul dans une autre, sortir mon morceau de toile préparée et un bout de fusain. J'essayai de copier les contours d'un tableau qui me plaisait. Ce n'était pas facile ; cent fois j'effaçai, de la manche, ce que j'avais fait et recommençai depuis le début. Finalement, le pot de fleurs et quelques carreaux du sol dallé apparurent sur ma toile avec des proportions correctes.

C'était mal, je le savais. Pire encore, j'avais l'intention de continuer, et en secret. Je me sentais coupable mais terriblement heureux. J'avais bien du mal à concilier ces deux choses en moi. Ma conscience ne me laissait pas en repos. Mais je me faisais gloire de ma désobéissance et je m'arrangeai, une nuit, pendant que mon maître dormait, pour voler sur sa palette un petit peu de chaque couleur. La première tromperie amène la suivante inévitablement.

J'eus encore plus de temps pour m'exercer seul quand nous arrivâmes à Naples, car l'Infante était si imbue de sa dignité qu'elle ne me permettait pas de rester dans la pièce où elle posait pour son portrait.

Pendant que le Maître était occupé, dans l'énorme forteresse, avec ses tours de garde et ses pont-levis, à préparer puis à peindre le portrait de l'Infante, je fis dans la ville d'innombrables dessins, car j'avais décidé que, tant que je ne saurais pas tracer les contours des objets, définir leur forme et leur position dans l'espace, cela n'avait aucun sens de m'essayer à peindre. Je brûlais tous ces dessins dès qu'ils étaient finis, mais je me rendais bien compte de ma pauvre maladresse, et je commençai à me décourager. Je devenais sombre et maussade, et le Maître, après m'avoir tancé du regard deux ou trois fois, finit par me gronder ouvertement :

— Juanico, je suis seul et loin de chez moi, et si tu as l'intention de m'offrir ces regards noirs et cette tête d'enterrement, je te renverrai, j'ai assez de mes propres soucis.

J'eus si peur que je me mis à pleurer, si bien qu'il finit par lever les bras et les yeux au ciel.

— Bon, bon, *basta* ! Je ne te renverrai pas, c'est promis, mais ne me tente pas ! Au moins, que je voie ton grand sourire radieux pour égayer un peu ma journée !

Je cessai de pleurer, rasséréné et heureux : je n'avais jamais imaginé qu'il pouvait avoir besoin de mon sourire, ni de quoi que ce fût qui vînt de moi, à part mon travail, et cela me réchauffait le cœur de savoir qu'un peu de sa paix ou de son plaisir dépendait de moi. J'abandonnai même pour quelque temps mon apprentissage clandestin de dessinateur.

Ce long séjour loin de l'Espagne ne m'a guère laissé de souvenirs. Presque toutes les villes italiennes se sont mêlées dans ma mémoire pour finir par n'en faire qu'une seule. Elles étaient belles, avec de solides édifices et des gens très beaux dans les rues, et toutes baignées d'une lumière dorée. Mais elles m'étaient étrangères, et ne sont pas restées en moi, pas plus que les images vues en rêve ne restent au réveil dans la mémoire du dormeur. Venise, bien sûr, était différente de toutes les autres, avec ses canaux d'eau de mer où la marée montait et descendait interminablement, et l'éclat de son opulence orientale n'appartenait qu'à elle. C'est là que l'hiver nous surprit, et mon maître eut bien des difficultés avec les tailleurs italiens quand il alla commander, pour lui et pour moi, deux manteaux de drap de laine. D'abord, ils essayèrent de le convaincre de se commander un habit de brocart rouge et or, idée qui le fit frémir, car il ne portait jamais autre chose que du noir sobre et sans ornements. Ensuite, ils essayèrent la flatterie, et drapèrent sur son épaule une pièce de soie bleu vif, en tentant de le persuader d'en faire doubler son manteau et d'y pendre des glands d'or au col pour le retenir quand il le rejetterait sur ses épaules. Pendant que les tailleurs lui faisaient la cour, murmuraient, et lui adressaient force froncements de sourcils et sourires admiratifs, je comprenais ce qu'ils voulaient dire, car dans toute l'Italie, où la beauté des habitants est partout remarquable, je n'avais pas vu un homme qui m'ait paru d'aussi fière allure que lui. Il était mince et pas très grand, mais élégamment bâti, avec ces mains délicates et ces fines articulations des Espagnols. Son visage était pâle, avec une masse de cheveux noirs qui encadraient ses traits bien dessinés. Ses yeux n'étaient, sans doute, pas aussi grands que ceux de beaucoup d'Italiens, mais ils avaient un regard aigu, mesuré, observateur. Pour moi, je préférais son air pensif, la dignité de son visage impénétrable à la mobilité des émotions qui agitaient la plupart des visages italiens.

Même les Nègres que j'ai vus en Italie (et il y en avait beaucoup, tant esclaves qu'affranchis) étaient flamboyants et hautains. Ils me traitaient avec mépris, à cause de mes simples vêtements bruns et de la simplicité discrète et sans prétention de mon maître. Je ne les aimais pas.

J'étais vraiment content quand nous revînmes enfin à Gênes prendre le bateau du retour. Nous nous préparâmes à endurer les misères de la traversée, mais, par chance, le voyage ne fut pas trop pénible, et mon maître souffrit moins que la première fois. Il se contenta de rester allongé sur sa couchette, pâle et prêt au pire, et refusa de manger quoi que ce soit jusqu'à ce que notre bateau soit amarré au quai du port de Séville. Alors, sans même prendre le temps de rassembler nos malles et nos sacs, il se rua dans la salle à manger et commanda un solide déjeuner d'œufs frits et de saucisses qu'il dévora en trois bouchées.

— Ne le dis pas à la Señora, Juanico, me dit-il avec un sourire content. Je ferai semblant de grignoter, comme d'habitude, ce qu'elle nous servira, je n'ai jamais eu beaucoup d'appétit. Mais je n'y tenais plus, je n'avais rien avalé depuis un siècle que nous avons quitté Gênes.

Il se tapota l'estomac avec satisfaction, ramassa ses rouleaux de toile et sa palette, et je me jetai à l'épaule nos couvertures de voyage. Nous prîmes des dispositions pour que le reste de nos bagages soit envoyé derrière nous, et nous montâmes, dans les ruelles de Séville, vers la maison de Maître Pacheco.

À notre arrivée, ce fut un tumulte d'embrassades, de cris et de baisers. Paquita s'accrochait à ma main, et Moushi se frottait en ronronnant contre mes jambes. Soudain j'entendis la voix du Maître.

— Mais où est ma *niña*, mon Ignacia ?

Maîtresse se jeta dans ses bras en sanglotant.

— *Ay*, Diego, comment aurais-je pu t'avertir ? Tu étais en pleine mer… il y a un mois… et…

Il attendait, parfaitement immobile, en silence, les yeux fixés sur son visage ruisselant de larmes.

— Elle… notre petite fille… notre *niña*… Elle est morte, sanglota-t-elle.

Il la serra contre lui, en tapotant ses épaules soulevées par les sanglots. Personne ne parla. Le visage du Maître avait cette expression effarée d'une personne qui essaie d'entendre et ne parvient à distinguer que des bribes de mots inintelligibles.

La petite voix flûtée de Paquita rompit le silence.

— Et j'ai été malade, Juanico, et Niña aussi. Mais elle n'a pas guéri. Et maintenant elle est au ciel.

Je la hissai sur mon épaule. Elle avait toujours été légère, et ne me pesait pas. J'aurais tant aimé pouvoir porter à l'autre épaule, en contrepoids, l'autre petite fille, comme je l'avais fait si souvent jadis ! Nous entrâmes en silence dans la maison, et les retrouvailles, qui auraient dû être si joyeuses, furent sombres et tristes.

Le Maître refusait de penser à partir. Il souffrait profondément et allait chaque jour voir la petite tombe de sa fille.

J'eus encore un autre chagrin. Dieu avait aussi rappelé à lui frère Isidro, qui avait été si bon pour moi.

Mais un jour, un message du Roi arriva, qui nous rappelait à la cour, et il nous fallut faire les bagages et nous préparer à entreprendre le voyage du retour.

Il pleuvait quand nous sortîmes de Séville pour prendre la route du Nord.

8

OÙ JE PARLE D'UNE PETITE FLEUR ROUGE

Au fil des années, mon maître peignit de nombreux portraits de gens de la cour, mais surtout du Roi et de sa famille, ainsi que du Premier ministre, le puissant duc d'Olivares. Cet homme lourd et rude me déplaisait fort, mais c'était un fidèle admirateur de mon maître, et il ne perdait jamais une occasion (même pendant les banquets officiels) de louer son art. Je me suis souvent fait la remarque, depuis ma propre position de serviteur, que le Maître, qui n'avait pourtant aucun titre de noblesse, était un gentilhomme beaucoup plus accompli que ce duc ahanant et ivrogne, avec sa liste formidable de titres et d'honneurs. Le Maître était toujours noble et courtois, et parfaitement chevaleresque. J'avais vu grandir entre lui et le Roi une véritable affection, tandis que ses sentiments envers le duc, je le savais, étaient dominés par une prudente réserve.

Le Roi était un homme silencieux, qui n'aimait guère les phrases inutiles. Cela était sans doute en partie dû à ce qu'il souffrait d'un sérieux défaut de prononciation. Il avait hérité de la lourde mâchoire disproportionnée de la famille des Habsbourg en même temps que de leur grand front ovale, de leurs cheveux d'or et du bleu de leurs yeux. En raison de la forme de sa mâchoire, les dents du Roi ne se rejoignaient pas, et il parlait avec un curieux sifflement, comme si les mots s'échappaient de sa bouche avec réticence. D'ailleurs, je crois aussi qu'il était timide et que toutes ces années à la Cour lui avaient enseigné qu'il était mortellement dangereux de se fier complètement à quelqu'un. Ainsi, les mois et les années passèrent, et je sentais croître peu à peu la confiance qu'il éprouvait envers mon maître, tandis que les portraits succédaient aux portraits. Le Roi en velours noir, le Roi en costume de cérémonie, avec un habit et une culotte entièrement brodés de fil d'argent, le Roi en tenue de chasse, avec son chien favori et son fusil à côté de lui.

J'étais toujours dans l'atelier quand le Roi venait poser ; il s'était habitué à me voir comme une ombre noire silencieuse, et de fait, il m'accordait moins d'attention qu'à son chien, qu'il appelait souvent à ses pieds pendant qu'il se reposait un instant avant de reprendre la pose. Alors, il tirait sur les oreilles soyeuses et grattait le chien sous le menton, et l'animal levait sur lui un regard liquide d'amour. Je crois que le Roi, malgré tout le respect et les soins dont il était entouré, devait voir bien peu de regards chargés d'un tel dévouement.

Mais si le Roi ne parlait guère, le Maître parlait encore moins. Il gardait pour lui ses pensées, d'abord parce que c'était sa manière d'être, et aussi, comme il me le dit un jour, parce que le monde est trop plein de vaines paroles qui n'auraient jamais dû être prononcées. Un jour que je broyais des couleurs, et que nous étions seuls tous les deux dans l'atelier, il me dit qu'il vivait de ce qui entrait dans son être par les yeux et de ce qu'il en rendait au monde à travers la peinture – et non, comme d'autres, de ce qu'ils reçoivent par les oreilles et rendent sous forme de conversation.

– Mes toiles sont ma conversation, dit-il un jour au Roi.

Le Roi parut réfléchir à cette remarque, puis il posa sur mon maître un regard approbateur.

– Mais dans ce cas, demanda-t-il après un instant, et sa voix me parut triste, dans ce cas, ma conversation, quelle est-elle, Don Diego ?

– Votre Majesté n'a pas été faite par Dieu pour converser, mais pour écouter ses sujets, avec l'intérêt et l'affection d'un père, répondit le Maître.

Cette réponse plut au Roi, qui se mit à hocher la tête avec la plus grande satisfaction.

Entre ces deux hommes se développa lentement une amitié silencieuse que je regardai prendre forme et solidité. Je sais percevoir les nuances des sentiments entre les gens, et je vis comment, de mois en mois et d'année en année, le Roi s'abandonnait peu à peu à l'espoir, à la certitude de l'affection de mon maître. Quant au Maître, il éprouvait envers son souverain un dévouement particulier, où entrait comme un besoin de le choyer et de le protéger ; il lui était du reste profondément reconnaissant de tout ce qu'il avait fait pour lui-même et pour sa famille.

Le Maître peignit les enfants du Roi avec une délicatesse et une tendresse extraordinaires, les infantes Maria Teresa et Margarita et les petits princes Baltasar et Felipe Próspero. Felipe Próspero était un enfant fragile et toujours plaintif, le pauvre petit, mais pour le Maître il se taisait, le fixait de ses yeux brillants et acceptait de jouer et d'être sage et obéissant. Dieu l'emporta ; il rejoignit les anges quand il n'avait pas encore quatre ans.

Bien sûr, nous avions toujours quelques apprentis à l'atelier, même après le départ de Cristobal et d'Alvaro, qui nous quittèrent au bout de cinq années environ.

Ils aidaient le Maître qu'ils déchargeaient de certaines tâches lassantes et répétitives, peindre par exemple de grandes étendues de ciel ou de draperies, et il leur faisait souvent copier ses tableaux religieux, car il recevait constamment des églises beaucoup plus de commandes qu'il n'aurait pu en achever tout seul.

Les apprentis venaient et repartaient, et le Maître leur enseignait toujours son art consciencieusement. Et ce qu'ils n'apprenaient pas, je l'apprenais, moi, car pendant toutes ces années je continuai à dessiner et j'avais aussi commencé à peindre, en utilisant les couleurs comme le faisait le Maître : d'abord une couche sombre sur laquelle je posais peu à peu des couches plus claires et des nuances plus délicates au fur et à mesure que je précisais les détails.

Près de quatorze ans après notre retour d'Italie, un jeune homme, chaudement recommandé par le duc d'Olivares, vint trouver le Maître. Il avait étudié la peinture et voulait finir son apprentissage avec « le plus grand peintre d'Espagne ». Il était âgé de vingt ans environ et s'appelait Juan Bautista del Mazo. Il était assez beau, un peu fat, et s'habillait de soies de couleurs chaudes. Ses cheveux soigneusement peignés retombaient sur son front en bouclettes qui rappelaient celles de certaines statues grecques.

Paquita avait grandi. Sans que j'y prenne garde, elle s'était transformée sous mes yeux en une jeune femme ravissante. Ce premier jour après l'arrivée parmi nous de Juan Bautista, quand elle entra dans l'atelier de son pas dansant, faisant voler ses jupes avec une coquetterie involontaire, je vis notre nouvel apprenti pâlir au premier coup d'œil. C'était, je crois bien, ce qu'on appelle un coup de foudre : son cœur avait cessé de battre un instant, et vidé le sang de ses veines. Je regardai alors avec des yeux neufs ce qu'il venait de voir et que l'habitude m'avait empêché de remarquer. Paquita était une jeune femme dans tout l'épanouissement de sa beauté. Elle n'était pas très grande mais ronde et potelée comme un raisin mûr, avec un cou délicat et une taille souple et fine. Elle portait ce jour-là une jolie robe de laine légère d'un brun doré, bordée de velours noir, et son visage aux joues roses et aux yeux noirs et brillants était encadré par un petit capuchon. Elle allait sortir avec sa mère et était venue demander à son père un peu d'argent pour acheter quelques rubans. Entre ces deux jeunes gens, Paquita et Juan Bautista, passa une flamme invisible ; je la vis aussi dans ses yeux à elle, avant qu'elle ne baisse ses longs cils noirs.

– Où vas-tu ? demanda le Maître sans lever les yeux de son tableau.

– Faire des courses, et ensuite rendre visite à Angustias.

Angustias était la fille d'une des dames de la cour, une grande amie de Paquita. Les deux jeunes filles se rendaient d'interminables visites, pour se conter en gloussant je ne sais quelles calembredaines et parler chiffons.

– Emmène Juanico. Je n'aime pas te savoir sortie sans un homme pour te protéger.

Le Maître m'envoyait très souvent accompagner Paquita ou sa mère, et elles étaient contentes de m'emmener.

Paquita vouait un amour sincère à toutes les petites créatures, bébés, oiseaux et petites bêtes ; son premier Moushi, celui que je lui avais donné, avait été remplacé par d'autres au fur et à mesure que la mort ou l'indépendance naturelle des chats l'avaient privée de ses favoris. Le Moushi actuel était un tigre rayé au museau rose, qui jouait brutalement, car ce n'était pas un gentilhomme comme les chats blancs de Perse. C'était un grand chat farouche et, pour prouver son amour à Paquita, il attrapait sa main entre ses grosses pattes griffues et faisait semblant de la mordre, puis la léchait immédiatement de sa langue rugueuse en ronronnant affectueusement. Les petites mains de sa maîtresse étaient parfois marquées par ses griffes et ses dents, mais elle connaissait son caractère sauvage et ne l'en aimait pas moins.

Elle adorait les plantes et les fleurs, et s'arrêtait souvent pour les flatter et leur parler comme si c'étaient des êtres vivants, avec chacune sa propre personnalité. Certains des cuisiniers du palais lui apportaient leurs petits pots d'herbes aromatiques pour qu'elle leur parle et les bénisse, car ils affirmaient que, pour Paquita, tout poussait.

Ce jour-là, je m'en souviens, la visite finie, nous passâmes à un marché aux fleurs, et Paquita insista pour acheter une petite plante en pot. L'hiver était froid et il n'y avait guère de plantes à l'étalage ; en fait, celle-là, avec ses délicates petites fleurs rouges à quatre pétales, était la seule à porter fleurs et boutons.

– Ah, la vaillante petite chérie, qui s'obstine à fleurir malgré le froid et le gel ! gazouilla Paquita en se penchant pour souffler dessus. Il me la faut !

La marchande essaya d'en tirer un bon prix, mais

l'enthousiasme et la gentillesse de Paquita la désarmèrent et elle finit par nous laisser emporter la plante pour quelques maravédis. Cette fleur devait jouer un rôle étrange dans nos vies.

Il ne se passa pas longtemps avant que Juan Bautista, profitant d'un moment où le Maître était sorti de l'atelier, vînt me demander de porter de sa part un message à Paquita.

Je secouai la tête, terrifié à l'idée d'être mêlé à une intrigue familiale, car j'avais entendu plus d'une histoire d'esclaves qui avaient perdu la vie pour cela. Un père soudain outragé peut facilement perdre la tête, et, si à mon avis il devait être possible de se cacher du Maître, Maîtresse, elle, était par nature sagace et soupçonneuse, et rien ne lui échappait. Je refusai donc, et pris soin les jours suivants de ne pas l'approcher de trop près, de crainte qu'il ne me frappe ou, pire, qu'il ne me glisse de force une lettre que je serais obligé de détruire. Je ne voulais rien avoir à faire avec des amoureux.

Seulement, c'était une chose de refuser à Juan Bautista et une autre, toute différente, d'éconduire Paquita. Elle savait trop bien que je l'adorais et ne pouvais rien lui refuser, et le jour où je la vis me faire signe, du seuil de sa porte, de m'approcher sans faire de bruit, mon cœur chavira, car je compris ce qu'elle voulait avant même de voir un billet sortir de sa manche.

Elle l'avait plié en un tout petit carré aux coins cornés, et elle murmura :

– Il ne faut pas que Papa te voie donner ceci à Juan Bautista, Juanico ! Je compte sur toi.

Je restai là, muet et malheureux, le petit papier à la main.

— Ne sois donc pas si sot ! s'écria-t-elle, en colère, en tapant par terre de son petit pied. Ce n'est pas une lettre ! J'y ai juste mis une petite fleur. Il m'a vue arroser ma plante ; il comprendra ce que cela veut dire !

Cela me réconforta un petit peu, car s'il n'y avait rien d'écrit sur le papier, ce n'était pas aussi dangereux. Et c'est ainsi que ce soir-là, tout en servant le dîner, je m'arrangeai pour poser le billet près de l'assiette de Juan Bautista. Je le vis le glisser dans sa manche avec une dextérité qui me fit trembler pour notre jeune dame, car il semblait bien que notre galant avait quelque expérience des intrigues amoureuses.

Malgré mes premières tentatives de résistance, je me retrouvai bientôt, sans avoir eu le temps de comprendre comment, associé à tous les secrets des deux amoureux et à toutes leurs combinaisons. Je me rongeais les sangs et me reprochais amèrement ma faiblesse ; mais, comme il arrive en général à qui entre dans un complot même timidement, une fois embarqué, je n'avais plus le choix : il ne me restait plus qu'à continuer et à faire taire mes scrupules.

Des lettres, ils passèrent bientôt à de brèves rencontres, au cours desquelles ils échangeaient deux ou trois mots murmurés en hâte dans un couloir écarté, tandis que je montais la garde à l'arrière-plan pour protéger Paquita et la prévenir si je voyais venir quelqu'un ; ils se voyaient aussi dans les galeries de peinture du Roi, où il n'y avait, hélas, presque jamais de visiteurs.

Pour me justifier à mes propres yeux, je me persuadai que Juan Bautista était vraiment amoureux de notre rieuse Paquita. Il perdait l'appétit et avait des accès de découragement pendant lesquels il pouvait à peine peindre ; il devenait mince et pâle, et je voyais là les symptômes mêmes de l'amour, tels que les ont chantés les poètes depuis la nuit des âges. J'aurais dû me douter que le Maître ne pouvait manquer de remarquer ces changements chez son meilleur apprenti. Mais il ne disait rien.

Paquita, elle, devenait chaque jour plus gaie et plus rose, et plus malicieuse. Sa mère l'observait, intriguée et inquiète, et je vis même le Maître laisser ses yeux s'attarder sur elle longuement, pensivement, à la table du déjeuner.

— Paquita, lui dit-il un jour, tu grandis à pas de géant ! Il va falloir que nous commencions à te chercher un mari !

Après un léger sursaut, je vis sur son visage une expression joyeuse qui céda aussitôt au plus profond abattement. Car le Maître continua :

— Je vais faire un portrait de toi et l'envoyer au Portugal. Cela intéressera peut-être un de mes cousins de là-bas. Je serais ravi de te voir faire un mariage portugais. J'adore le vin de Porto.

Le Maître se mit très calmement à peler son orange, mais Juan Bautista laissa tomber sa fourchette et passa un bon moment à fouiller sous la table à sa recherche, et Paquita levait et reposait indéfiniment le même verre sans jamais y boire.

— Sois à l'atelier demain à neuf heures, Paquita, avec cette robe brune à revers noirs. Nous commencerons le portrait.

— Oui, Papa, murmura-t-elle, mais ses yeux brillaient, pleins de larmes. Quant à mon maître, je vis au coin de ses lèvres un imperceptible sourire, caché sous sa moustache noire, et je me demandai jusqu'où allait sa connaissance de ce qui se passait entre sa fille et son apprenti.

Le lendemain, le Maître fit quantité de ses rapides croquis, puis dit à Paquita de poser avec des gants et un petit col de fourrure, et d'apporter aussi son rosaire et son éventail.

Elle ne posait pas toute la journée, bien sûr, ni même tous les jours, et pour ma plus grande consternation les amoureux redoublèrent de billets et de rencontres. La galerie de peinture était toujours leur rendez-vous favori, mais Paquita était intelligente et pleine de ressources et s'arrangeait de mille manières pour provoquer d'innombrables entrevues sans que sa mère s'aperçoive de rien. Souvent, quand ils ne pouvaient pas se voir, je portais de l'un à l'autre la petite fleur rouge, nouée dans un mouchoir ou serrée entre les pages d'un livre de prières.

À mesure que le portrait avançait, je constatai que le Maître reportait toujours le moment de peindre le visage. Les traits étaient esquissés, le front bombé, les grands yeux, la forme du nez. Mais je le vis secouer la tête plusieurs fois d'un air intrigué, et continuer à le laisser en blanc pour se remettre à déployer toute la subtilité de son art dans la forme de la main suggérée sous le gant, la ronde tiédeur de la silhouette sous l'étoffe brune de la robe, et même la douceur mousseuse de la chevelure… mais pas l'esprit et le caractère du visage. Alors j'observai à mon tour Paquita qui posait et je vis ce que le Maître avait vu, et qui le retenait ; il y avait dans ses yeux un regard d'appréhension, et un frémissement de peur autour de ses lèvres. Il soupira, reposa sa palette, renvoya sa fille, puis alla s'asseoir près de la fenêtre pour regarder passer les gens en bas dans la cour.

Je continuai à m'affairer à mes tâches habituelles, et je me dirigeais vers la cuisine pour rincer des chiffons (le Maître refusait de se servir de chiffons raides de peinture) quand Paquita m'intercepta et me mit dans la main un billet soigneusement plié.

— Quand tu pourras, murmura-t-elle, essaie de le lui donner avant le Rosaire dans la chapelle.

Elle s'enfuit vers la chambre de sa mère, et à cet instant, le Maître apparut dans l'encadrement de la porte.

— Qu'est-ce que tu as là, Juanico, avec les chiffons ? me demanda-t-il en tendant la main.

Il nous avait sûrement entendus. Il n'y avait rien à faire ; le cœur chaviré, je lui tendis le billet. Il le déplia, et l'une des petites fleurs rouges de Paquita en tomba et voltigea jusqu'à terre. Il se pencha pour la ramasser, la regarda sous tous les angles, puis la glissa dans son pourpoint.

Il rentra dans l'atelier. Je me demandais, hésitant, si je devais le suivre, quand je l'entendis m'appeler.

— Juanico ! Viens ici, s'il te plaît.

Il était devant la fenêtre, et avait lu le billet.

— Elle a mal écrit « chapelle », dit-il. Apporte-moi un pinceau fin et trempe-le dans du rouge.

J'obéis. Il prit le pinceau et corrigea la faute d'orthographe, puis il signa d'un grand V dans la marge, pour montrer qu'il avait lu la lettre, et me la rendit.

— Porte-la à Juan Bautista, me dit-il. Il doit être à moitié fou d'impatience à force d'attendre. Est-ce qu'ils se retrouvent souvent dans la galerie de peinture ?

— Oui, Maître. Mais pas seuls, me hâtai-je d'ajouter, afin d'essayer d'arranger les choses pour Paquita. Je suis toujours là pour veiller sur elle.

— Le Roi m'a demandé de réorganiser cette collection, dit le Maître, rêveur, comme s'il pensait tout haut, et il est grand temps que je le fasse, si elle est toujours déserte. Nous ne pouvons pas laisser tous les amoureux du palais s'y donner rendez-vous. Ah, repasse-moi ce billet, Juanico, s'il te plaît. Il y avait une petite fleur dans la lettre.

Il ressortit la petite fleur rouge de son pourpoint, mais elle était triste et chiffonnée. Il caressa les délicats pétales de velours vermeil et les observa soigneusement. Après quoi, il alla chercher sa palette, et mélangea un soupçon de blanc dans le rouge de son pinceau, pour reproduire la nuance exacte du vermillon de la fleur. Alors, du bout de son pinceau, en quatre touches légères et précises, il posa la fleurette sur le papier.

— Je ne pouvais pas envoyer ce billet sans son talisman, murmura-t-il. Apporte-le à Juan Bautista, Juanico. Ne le plie pas, la peinture n'est pas sèche, et je ne voudrais pas qu'il soit taché. J'avais un rendez-vous, mais je crois que je vais l'annuler. Il me semble que j'ai besoin, moi aussi, d'écouter le Rosaire à la chapelle aujourd'hui, et peut-être, qui sait, il se pourrait que j'aille visiter cette galerie de tableaux abandonnée après la bénédiction.

Je n'arrivais pas à deviner ses intentions, et je tremblais en donnant le billet à Juan Bautista. Mais quand il vit le V, il comprit aussitôt que le Maître ne lui refuserait pas son consentement, et Paquita, qui connaissait la délicatesse de son père, reprit courage en voyant la petite fleur vermeille.

Je n'assistai pas avec eux au Rosaire. Le Maître m'envoya faire une course qui m'obligea à sortir du palais, mais ce soir-là, la table du dîner n'était que joie et chansons, et les deux jeunes gens rayonnaient comme des astres. Le Maître était calme et impassible comme toujours. Maîtresse, pourtant, pleurait dans son mouchoir en reniflant. Le dessert était un de ses préférés, des œufs pochés au xérès, et alors que d'habitude elle en prenait toujours deux fois, ce soir-là, elle repoussa son assiette sans même y goûter.

Le Maître sirotait paisiblement un verre de vin de Porto.

— Voyons, Juana, mon amour, dit-il enfin, cela a donc été si dur, d'être mariée à un peintre ?

À ces mots, elle poussa un gros sanglot et courut se serrer dans ses bras.

— Ç'a été le paradis ! Tu le sais bien, mon Diego !

Il lui tapota l'épaule et posa un baiser léger sur ses cheveux.

— Eh bien, nous allons permettre à Paquita d'avoir aussi un petit morceau de paradis, dit-il, et à ces mots, c'est Paquita qui fondit en larmes et se jeta dans ses bras de l'autre côté de sa chaise.

— Ces femmes ne vont pas me laisser finir mon vin, gémit-il, mais il souriait, en regardant Juan Bautista droit dans les yeux. Le jeune homme bondit sur ses pieds, fit d'un saut le tour de la table pour prendre la main du Maître et la porter à ses lèvres.

Le lendemain, le Maître finit le portrait. Il travailla rapidement, comme chaque fois qu'il avait pleinement pensé et décidé ce qu'il voulait peindre. Son pinceau montrait, dans chacune des petites touches de couleur qu'il posait sur la toile, la joie et l'amour de cette jeune fille, son bonheur sans nuages, sa simplicité et son espoir.

Et juste sous la boucle de sa ceinture, à la place exacte où elle donnait à l'ensemble de la composition l'éclat de couleur qui la parachevait, il peignit la petite fleur rouge.

Chère Paquita, qui as toujours été si bonne pour moi, pleine de vie et de gaieté, qui aimais les petites choses douces et sans défense, les plantes et les fleurs que Dieu fait grandir, Paquita, qui fis de moi ton confident pour que je me sente associé moi aussi au bonheur de ton mariage…

Il y a bien des années à présent que tu reposes dans ta tombe, mais ce furent des jours très heureux, et cela réchauffe mon cœur de m'en souvenir aujourd'hui.

9

OÙ JE ME FAIS DES AMIS À LA COUR

Un an environ après le mariage de Paquita, j'accompagnai mon maître dans un voyage dans le nord de l'Espagne avec la famille royale. Quand j'appris le projet de ce voyage, je m'affolai, car je ne savais où cacher les nombreux dessins et peintures que j'avais faits en secret, et je ne pouvais pas me résigner à les détruire. Je ne pouvais demander à personne de me les garder, car il aurait fallu avouer mon délit. J'étais si sombre, muet et préoccupé, en préparant des vêtements chauds et du matériel de peinture pour les bagages de mon maître, qu'il finit par m'en demander la raison. Car, je ne sais si je l'ai déjà dit, mais j'ai d'habitude un heureux caractère, et souvent je fredonnais ou chantais en travaillant. J'avais, dans ma jeunesse, une bonne voix de basse, puissante et profonde, et mon maître aimait m'entendre chanter.

Il me demanda donc pourquoi j'étais si maussade et je décidai de lui dire une partie de la vérité.

— C'est que j'ai quelques trésors auxquels je tiens beaucoup et que je ne peux emporter, et je ne sais où les laisser pour qu'ils soient en sûreté.

— Ce n'est que cela ? Je vais te commander un coffre avec un cadenas, tu y rangeras tes affaires et tu les laisseras dans l'atelier, qui est toujours gardé.

Il tint parole, et fit venir un menuisier qui nous avait fait souvent des cadres et des caisses. Il me fit un bon coffre solide avec une languette métallique et une boucle, à travers lesquels je pouvais glisser un cadenas que je fermerais à clé. À la première occasion, je rangeai dans le coffre tous mes trésors – mes dessins et mes peintures, du moins ceux qui m'avaient paru assez bons pour mériter d'être gardés, un collier de boules d'un vert brillant que j'aimais porter de temps en temps, quelques écharpes rayées de couleurs vives que j'avais achetées en Italie, une petite bouteille d'un parfum fait de roses et de jasmin avec lequel je me parfumais les mains et les cheveux quand j'allais servir mon maître ou rester derrière sa chaise à un banquet officiel. Il y avait aussi quelques colifichets que j'avais achetés en Italie avec l'argent que mon maître m'y donnait ; je pensais en faire un jour cadeau à ma femme – bien que le Maître n'ait jamais parlé de me donner une femme, et que je n'aie pas oublié mon premier amour, Miri. Plus jamais je n'avais regardé une jeune fille avec les yeux de l'amour.

Toute cette histoire de voyage me déplaisait absolument : il s'agissait d'une partie de chasse, et il nous était déjà arrivé d'accompagner le Roi dans ce genre d'expédition. Il adorait la chasse, et je savais qu'ils rapporteraient chaque jour des cerfs, des faisans et des lièvres morts ; j'étais malade rien que d'y penser. Je ne pouvais supporter de faire du mal à quelque animal que ce soit, pas même une souris, et je n'ai pas changé. Il y avait longtemps que le cuisinier ne m'appelait plus à la cuisine quand il fallait assommer les petites créatures qui détalaient entre les étagères, car je n'avais jamais pu m'y résoudre, et un jour j'avais même essayé de sauver cinq petits souriceaux nouveau-nés, roses et fragiles, que j'avais trouvés dans un sac de maïs séché. Je fis mon possible pour les nourrir et les soigner, à grand renfort d'eau fraîche et de lait tiède, mais je ne pus y parvenir et il me fallut enterrer les cinq petits corps. Je tremblais à présent à l'idée des coups et des détonations, des cris des lièvres, des plumes ensanglantées et du regard des cerfs blessés.

Mais le Maître avait dit que je l'accompagnerais, et je n'avais pas le choix. Je ne pouvais même pas me prétendre malade : j'avais une santé de fer.

Mon maître n'était pas un chasseur, et jamais je n'avais vu un fusil dans ses mains délicates. Son intention était de faire quelques portraits du Roi en tenue de chasseur, sur son cheval, dans les bois, et je préparai donc toutes les couleurs de terre dont il pourrait avoir besoin, ainsi que beaucoup de verts et d'ocres.

Maîtresse n'était pas du voyage, malgré la cordiale invitation du Roi qui avait proposé de lui faire installer une tente spéciale pour elle seule, avec tout le confort possible. Paquita, qui attendait son premier enfant, était souffrante, et elle ne voulait pas la quitter.

Je fis donc mon devoir, attendis avec mon maître dans les abris de branchages construits dans la forêt, pendant que le Roi galopait sur ses grands coursiers de chasse, lui tendis les couleurs et les pinceaux dont il avait besoin pour ses croquis pris sur le vif et, plus tard, entassai les pauvres corps raidis et ensanglantés de la chasse pour les nombreuses compositions que mon maître peignit pendant ce voyage.

Un jour, il me lança un regard intrigué, en voyant mon visage ruisseler de larmes alors que je disposais, suivant ses indications, un cerf dont le museau laissait encore couler un filet de sang et un lièvre aux longues oreilles marquées du réseau délicat des veines rosées.

— Tu détestes cela à ce point ? me demanda le Maître, perplexe.

— Dieu a donné la vie à ces créatures, et cela me blesse de voir qu'on la leur arrache avec une telle violence.

— Mais tu manges de la viande, Juanico.

— Je sais. C'est une honte pour moi, mais je mange de la viande.

— Tu es une noble créature, dit-il, pensif. Le peuple dont tu viens devait être véritablement admirable.

— Ma mère était aimable et bonne, expliquai-je.

— Oui, ma tante me l'avait dit.

Mais ma loyauté envers mon maître était puissante et je ne pouvais permettre qu'il s'exclue ainsi des êtres tendres et compatissants uniquement parce qu'il ne se laissait pas émouvoir par les victimes de la chasse.

— Vous aussi, vous êtes bon, Maître, et bienveillant, protestai-je avec passion, même si vous peignez ces animaux sans aucune émotion.

— Oh, mais bien sûr que cela m'émeut, et beaucoup, répliqua-t-il en fixant délibérément son regard pénétrant, clinique, sur la gorge ouverte du cerf. Mais mon émotion est l'émotion détachée d'un esprit ou d'un ange, quelque chose qui n'est pas de ce monde. Les peintres sont ainsi, je crois ; ils s'entraînent à être ainsi. Nous devons représenter l'essence de ce que nous voyons, sans rien y ajouter. Les émotions humaines, personnelles ne doivent pas intervenir, la main tremblerait, et nous serions tentés de couvrir de voiles plus tendres tout ce qui est douloureux ou répugnant.

— En Italie, commençai-je timidement, car cela m'enchantait qu'il me parle de tout cela, en Italie, j'ai entendu les peintres qui parlaient dans les galeries, et ils disaient que l'on devait atténuer, ou cacher, tout ce qui n'était pas parfaitement beau.

— Je suis plus humble qu'eux, répondit le Maître. Je ne prétends pas essayer d'améliorer l'œuvre de Dieu. Je me contente de montrer, avec respect, ce qu'Il a fait.

Un jour que le Roi, le fusil à la main et son chien sur les talons, passait près de nous, je demandai :

— Corso a l'air triste. Il est malade ?

Je ne pouvais, bien entendu, adresser la parole au Roi, qui fit semblant de ne pas m'avoir entendu, mais le Maître répéta ma question, et ajouta :

— Il me semble, en effet, que le chien a l'air abattu, Votre Majesté. Est-ce qu'il refuse la nourriture ?

— Eh bien, malheureusement, il ne mange guère, répondit le Roi, soucieux, en se baissant pour caresser la tête du chien. Je lui ai donné de ses morceaux préférés ce matin, et il les a seulement pris entre ses dents avant de les laisser tomber sans rien manger.

— Mon serviteur, Juanico, que voici, sait soigner les animaux, dit mon maître. Si Votre Majesté l'ordonne, je lui dirai de s'occuper de Corso.

Le Roi, immobile, prit le temps de peser le pour et le contre, comme toujours ; c'était un monarque particulièrement prudent et méticuleux. Puis il jeta sur moi un long regard de ses yeux délavés et pensifs.

– C'est ma volonté que cet esclave s'y essaie, finit-il par prononcer.

Et il me fit signe d'approcher pour examiner le chien.

J'avais souvent soigné les petits chiens de Maîtresse, car on leur donnait toujours trop de pain et de viande, et c'était un régime trop lourd pour des animaux qui ne pouvaient pas, comme ils l'auraient dû, courir à leur guise ni explorer les champs pour trouver les herbes dont ils avaient besoin.

– Je dois ouvrir la gueule du chien, dis-je au Maître, qui le répéta au Roi.

– Corso, ordonna le Roi (car le chien n'obéissait qu'à lui), au pied, et ne bouge pas.

Je touchai le crâne de l'animal, où le poil, au lieu d'être soyeux comme d'habitude, était sec et raide, et il me regarda avec de grands yeux méfiants. Je lui ouvris doucement la mâchoire et approchai la tête pour sentir son haleine. Elle avait une forte odeur métallique. Cela me surprit. Je réfléchis alors que Corso ne manquait pas d'exercice, et qu'il pouvait, quand il voulait, près du camp royal, trouver de ces herbes que les animaux mangent pour se purger.

L'étrange odeur de l'haleine de Corso et la légère pellicule que je voyais sur ce qui aurait dû être une rangée de crocs blancs propres et luisants me firent imaginer autre chose, et je tâtai avec précaution les flancs du chien jusqu'à ce qu'il pousse soudain un petit gémissement de douleur et se blottisse en tremblant contre les jambes du Roi. Sa Majesté lui flatta la tête, et fit de son mieux pour le calmer.

— Je crois que ce chien a le foie malade, dis-je au Maître. Il doit y avoir un parasite enkysté là.

On me confia donc Corso, et je m'occupai de lui, non sans inquiétude, car je craignais, si j'échouais et si le chien venait à mourir, que le courroux de Sa Majesté ne se retourne contre moi. Mais Dieu me guida, je n'eus pas de mal à trouver dans les champs des alentours les herbes dont j'avais besoin pour concocter une purge qui obligea le foie de l'animal à réagir énergiquement, et au bout de deux jours il expulsa le parasite. Dès ce moment-là, il alla de mieux en mieux, et se remit à gambader et à manger voracement. Moins d'une semaine plus tard, je pouvais ramener Corso au pavillon de chasse du Roi, joyeux et débordant de vie. Corso se coucha à mes pieds, puis courut au-devant du Roi, puis revint vers moi, donnant tour à tour à Sa Majesté et à moi, l'humble esclave, de petits coups de tête affectueux et des baisers de chien. Je vis alors le sourire si rare et si doux de Sa Majesté.

— Merci, dit-il simplement, et il me tendit une bourse de velours pleine de ducats.

Le Maître, très fier de moi, ne voulut pas prendre l'argent, qui pourtant lui appartenait de droit, car les esclaves ne sont pas autorisés à avoir de biens à eux.

— Non, mets-les dans ton coffre, me dit-il. Achète-toi quelque chose. Un anneau d'améthyste, peut-être.

Le Maître aimait regarder bijoux et pierres précieuses et s'attardait souvent à en observer, les étudiant sous différents éclairages, bien que pour sa part il n'en portât jamais. Rien n'était trop beau, ni trop terrible, pour ses yeux. Mais se parer ne l'intéressait pas et il ne le faisait jamais.

De retour au château, la chasse finie, l'intérêt de mon maître se porta sur ces étranges personnages, souvent pitoyables, que le Roi entretenait pour le divertissement de sa famille et de la cour. Il y avait quelques vieux comédiens pleins d'esprit, qui contaient des histoires drôles et jouaient divers rôles costumés. Le Maître avait souvent recours à eux comme modèles pour des personnages historiques ou mythiques, et ils étaient fiers de trouver la pose juste et l'expression la plus suggestive pour ces tableaux.

Il y avait aussi plusieurs nains, et un ou deux idiots inoffensifs dont les rires constants semblaient distraire Sa Majesté. Il prenait grand soin de tous ces amuseurs et veillait à ce qu'ils aient toujours de bons vêtements et à boire et à manger à volonté. Pour les nains, il faisait tailler des vêtements sur mesure par son tailleur, et fabriquer par le cordonnier de petites bottes pour leurs pieds difformes.

Le Maître fit d'eux nombre de tableaux et c'est ainsi que je finis par les connaître tous très bien. « El Bobo », jeune idiot qui riait presque sans arrêt et ne pouvait parler intelligiblement, était pourtant, le malheureux, d'une grande gentillesse, et tout le monde à la cour le traitait affectueusement. C'était, comme ils disaient, un des innocents du bon Dieu, et le petit prince Baltasar Carlos se faisait souvent hisser sur ses épaules et s'accrochait à lui, confiant et ravi. Le Maître peignit donc El Bobo, et aussi le petit nain qu'on appelait « El Niño de Vallecas » et qui était le compagnon de tous les jeux du prince, car c'était un homme fait mais pas plus grand que Baltasar Carlos quand il avait juste trois ans.

Ce nain, le Niño de Vallecas (Francisco Lezcano de son vrai nom), avait été trouvé dans un village et amené à la cour, car le Roi était toujours à la recherche de petits êtres comme lui. Son corps gravement déformé le faisait souvent souffrir, et je le massais pour essayer de détendre et d'assouplir les muscles raidis de ses jambes tordues et de son dos bossu. Son intelligence n'était pas très développée — je crois que la douleur chassait de son cerveau tout ce qu'il apprenait —, mais nous devînmes amis et il vécut sept ou huit ans au palais, jusqu'à sa mort.

— Nous sommes frères, toi et moi, me disait-il souvent de son étrange voix d'homme, profonde et sonore, nous sommes tous les deux esclaves par la faute de notre naissance. Toi, tu es né fort et droit, un bel être humain normal, mais noir. Moi, je suis né comme tu me vois, un homme dans le corps d'un enfant au berceau. Pourquoi Dieu nous a-t-il imposé ce fardeau, Juanico ?

— Peut-être pour nous apprendre l'humilité. Notre Seigneur aussi a été méprisé, rejeté, abandonné, ne l'oublie pas. C'est Lui-même qui nous le dit. Et Il dit aussi : « Celui qui s'élève sera abaissé, et celui qui s'abaisse sera exalté. »

— Attention à ce que tu dis. On pourrait t'accuser de trahison. Notre Roi est l'un des plus hauts.

— Il est né pour cela, mais c'est un homme bon, qui n'hésite pas à me parler quand il me croise dans les couloirs, et même parfois me touche le bras gentiment.

— Mon pauvre Juanico, il ne faut pas grand-chose pour te satisfaire.

— Ce n'est pas cela. Mais je suis un pécheur. Alors, j'essaie de m'accommoder de l'état dans lequel je suis né ; la révolte serait un autre péché.

Alors... cela m'étonne aujourd'hui... mais j'imagine que mon secret avait pesé si longtemps sur ma conscience que j'avais besoin de le confier à quelqu'un… je racontai au Niño de Vallecas ma passion pour l'art et mon désir de peindre. Il m'écouta, me sourit avec une grande compassion, et ne put que me tapoter la main de ses petits doigts noueux. Malgré tout, cela me réconforta.

Le Maître fit un portrait du nain en train de rire, mais sous cette expression insouciante il réussit pourtant étrangement à laisser voir toute la tragédie de sa vie.

Il y avait aussi d'autres nains à la cour. L'un d'eux était un petit homme barbu d'à peine trois pieds de haut, doté du visage rusé et brutal d'un soldat de métier, et un autre, doux et pâle, avait la charge des livres de la chancellerie. Ce dernier était peut-être, de tous les nains, le plus à plaindre, car il avait le visage d'un homme fin et cultivé, et ses yeux tristes, profondément enfoncés dans ses orbites, rayonnaient d'intelligence. Son corps, pourtant, était difforme et rachitique, et les mains qui tournaient les pages des grands livres étaient aussi petites que celles du petit prince. On l'appelait Diego de Acedo, mais il arrivait que le Roi l'appelle Cousin, avec bonhomie. Je me demandais parfois pourquoi. Était-ce parce qu'ils avaient tous deux le teint pâle et les yeux tristes ? Ou parce qu'ils aimaient également les livres et les statues ? Peut-être, pourtant, le pauvre Diego était-il vraiment parent du Roi. Dans les familles nobles, on ne se vantait guère des enfants qui naissaient difformes, et il y avait bien des façons de les cacher ou de s'en débarrasser en les attribuant à une famille pauvre trop heureuse de recevoir un peu d'argent pour prendre soin de ces petites créatures mal-aimées. Enfin, je ne saurai jamais la vérité, et je mourrai sans savoir bien d'autres choses qui m'ont longtemps préoccupé.

Pendant quelque temps, cela me blessa de voir mon maître peindre ces êtres déformés et pathétiques avec son habituelle précision méticuleuse. Il s'en tenait strictement à la vérité telle qu'il l'avait sous les yeux. Il m'avait expliqué cela bien souvent. Et pourtant je le trouvais cette fois insensible et même cruel. Plus tard, cependant, quand je regardai ces portraits au bout de quelques années, je vis ce qu'il avait fait, et qu'il n'aurait pu réussir en dissimulant leurs difformités. Il avait peint, dans chacun d'eux, une âme à la torture.

10

OÙ JE ME CONFESSE

Les apprentis arrivaient et repartaient. Mon maître n'en cherchait jamais, mais il se sentait souvent obligé d'accepter un adolescent quand le père, un courtisan ou un ami, le lui demandait.

Pourtant, ces dernières années, après le mariage de Paquita, l'atelier était devenu silencieux et même un peu triste, car le Maître n'avait plus du tout pris d'apprentis pendant deux ou trois ans. Ceux qu'il était obligé de recevoir, il les envoyait à Juan Bautista, le mari de Paquita, sans doute parce qu'il pensait que le jeune ménage n'aurait pas de trop de l'argent, si peu que ce soit, que rapportaient les apprentis, tant par la mensualité qu'ils payaient directement que par la vente des copies qu'ils faisaient des tableaux de leur maître. Il trouvait aussi que Paquita, avec sa petite fille nouveau-née, avait besoin de sentir autour d'elle la présence et la compagnie de jeunes gens. Elle avait eu un accouchement difficile dont elle ne s'était pas bien remise, et elle avait souvent des crises de larmes et de découragement.

Un jour, cependant, un jeune homme entra dans notre cour, monté sur une mule lourdement chargée. Il était vêtu simplement, avec une chemise blanche et une culotte de laine, et aux pieds des souliers de toile bon marché lacés autour de ses chevilles.

Sur le dos de la mule, il y avait un ballot de vêtements, une couverture, une guitare et un attirail de peintre.

— Hé ! m'appela-t-il quand il vit que je le regardais de la fenêtre de l'étage. Je suis venu rendre mes respects au Maître Velázquez !

Je descendis en hâte lui demander ce qu'il voulait, mais quand j'arrivai dans la cour, je vis qu'il avait commencé à décharger sa mule tout en chantonnant un air joyeux. Je m'arrêtai net. C'était un plaisir d'écouter cette chanson insouciante, et je découvris soudain combien notre maison était devenue triste et silencieuse, sans Paquita et souvent sans Maîtresse, qui passait la moitié de son temps chez sa fille, pour l'aider à se remettre et lui rendre sa gaieté.

— Je suis Juan de Pareja, le serviteur du Maître, dis-je. Avant que vous défassiez votre bagage, il serait bon de nous assurer que vous pouvez rester.

— Oh, mais bien sûr que je vais rester ! s'écria le jeune homme avec conviction. J'apporte des lettres de vieux amis de Séville. D'ailleurs, même si on me renvoyait, vous me laisseriez au moins donner un peu de repos à ma bête. Pauvre vieille Rata ! ajouta-t-il en flattant le nez de la mule épuisée. Elle a marché longtemps, elle tombe de fatigue !

Je ne pouvais résister à la gentillesse avec laquelle il traitait l'animal ; ç'avait toujours été la plus sûre manière de m'attendrir.

— Je vais demander au Maître s'il peut vous recevoir, lui dis-je. Qui dois-je annoncer ?

— Bartolomé Esteban Murillo. De Séville. Et dites-lui que je suis venu pour devenir son apprenti et pour apprendre de son art, parce qu'il est le meilleur peintre du monde !

Le jeune homme était fort et trapu, avec un visage rond et des traits communs, à part ses beaux yeux bruns. C'étaient des yeux pleins d'intelligence et de gaieté, qui étincelaient de bonté et de bonne humeur. Ses cheveux, emmêlés par la rude brise d'automne, étaient d'un châtain foncé, bouclés, et portés longs non par affectation, certainement, mais parce qu'il n'avait pas d'argent pour se les faire couper. Sur sa poitrine bronzée, on voyait pendre, dans la large ouverture de sa chemise usée par le voyage, un crucifix au bout d'une lanière de cuir noir.

— Passez devant, monsieur Pareja, dit le jeune homme. J'ai hâte d'avoir enfin devant les yeux le meilleur peintre de tous les temps !

De toute ma vie, jamais personne ne m'avait appelé monsieur Pareja. Ce n'est pas ainsi que l'on parle aux esclaves. Cela montrait l'ignorance du jeune homme, ou peut-être seulement qu'il pensait à autre chose. Je ne dis rien ; il apprendrait vite. Tout le monde m'appelait Juanico.

— Si vous apportez des lettres, le Maître voudra vous voir tout de suite, lui dis-je. Suivez-moi.

Le jeune homme porta la main au renflement de sa ceinture pour s'assurer que les lettres y étaient toujours, et me suivit à pas vifs. Mais nous avions à peine fait quelques pas qu'il se retourna.

— Est-ce que je pourrais avoir d'abord un peu d'eau pour ma mule ? Elle meurt de soif, la pauvre.

J'allai moi-même remplir un seau. Cela me donna le temps de penser à ce jeune monsieur Murillo de Séville. Je commençais à espérer que le Maître accepterait de le prendre pour apprenti, car sa gaieté et sa simplicité m'avaient conquis.

La vieille Rata plongea avidement les naseaux dans le seau, pendant que j'allais lui chercher un peu de fourrage ; puis Bartolomé l'attacha à l'ombre, et lui jeta sur le dos une couverture légère. C'est seulement une fois qu'il en eut fini avec elle qu'il se tourna vers moi, prêt à me suivre à l'atelier du Maître.

Ce jour-là, le Maître avait commencé à travailler à une idée nouvelle : peindre un certain nombre de gens dans la même pièce en utilisant leurs reflets dans plusieurs miroirs. Il s'affairait à disposer ses glaces, à contrôler leur position, retournant chaque fois à son chevalet pour observer les proportions des reflets et esquisser quelques traits au fusain. Il n'était pas satisfait du résultat et, en arrivant à la porte, nous le vîmes commencer à effacer avec un chiffon propre ce qu'il venait de dessiner.

Bartolomé se précipita dans la pièce, tomba un genou en terre, saisit la main du Maître qui tenait encore le chiffon, et la pressa contre ses lèvres.

— Bartolomé Esteban Murillo.

Dans ses yeux noirs, je voyais étinceler des larmes d'émotion. Le Maître fixait sur le jeune homme à genoux devant lui un regard inexpressif ; je n'avais pas la moindre idée de ce qu'il pensait.

— Vous vous êtes mis du fusain sur la figure, dit-il. Levez-vous, jeune homme. On ne doit se mettre à genoux que devant le Roi, et c'est à lui seul qu'on baise la main. Qu'est-ce qui vous amène ?

Bartolomé, muet, se releva et sortit de sa ceinture deux lettres qu'il donna au Maître. Celui-ci s'essuya soigneusement les mains avant d'aller s'asseoir dans son grand fauteuil, près de la fenêtre.

Alors il ouvrit les lettres et les lut posément l'une après l'autre.

— C'est bon d'avoir des nouvelles des vieux amis, dit-il enfin en relevant la tête. Ainsi, vous êtes peintre, Murillo ?

Bartolomé se signa avec un naturel parfait avant de répondre.

— Avec l'aide de Dieu, je fais parfois d'excellents tableaux. Mais j'ai beaucoup à apprendre, et je veux travailler dans votre atelier.

— Pourriez-vous me montrer votre travail, si vous avez apporté quelque chose ?

— Bien sûr !

Et sans un mot de plus, Bartolomé descendit l'escalier quatre à quatre, jusqu'à son bagage qui était resté à côté de la mule. Deux minutes plus tard, il remontait avec plusieurs rouleaux. Choisissant instinctivement l'endroit où la lumière mettrait le mieux sa peinture en valeur, il déroula les toiles une par une.

Le Maître les examina en silence. Après un moment, il remarqua, avec son sérieux et sa sécheresse habituels :

— Vous peignez des saints et des anges. Mais vous les peignez d'après des modèles vivants.

Bartolomé sourit, brûlant de s'expliquer :

— Le Christ est en chacun de nous. Quand je veux peindre un saint, je trouve de la sainteté sur le premier visage disponible. Elle est toujours là. Quant aux anges, je prends de petits enfants. Il y a si peu de différence entre un enfant et un ange !

Le Maître scruta son visage et je vis soudain apparaître un de ses rares sourires, qui releva lentement, légèrement, les coins de ses lèvres et fit briller ses yeux profonds.

— Juanico, aide Murillo à porter ses affaires et installe-le dans la petite chambre à côté de la tienne.

— *Maestro !*

Bartolomé se précipita impétueusement comme s'il allait de nouveau baiser la main du Maître, mais celui-ci la cacha vivement derrière son dos en éclatant de rire.

— Contrôlez-vous, Murillo ! Je ne suis pas habitué à des marques aussi ouvertes d'adulation. Vous allez me tourner la tête !

— Oh, pardonnez-moi ! Mais je suis tellement heureux !

Et c'est ainsi qu'il vint vivre avec nous et ramena le rire, les chants et la joie dans le silence de notre atelier.

Les plaisanteries de Murillo, tout le long du jour, et ses chansons, qu'il accompagnait à la guitare après le dîner, amusaient beaucoup Maîtresse, et quand il était à l'atelier c'était un peintre infatigable. Le Maître lui fit d'abord copier certaines de ses propres œuvres religieuses, car il y avait constamment des commandes d'églises et de couvents, et il n'arrivait pas à y faire face. Puis, peu à peu, il laissa simplement Bartolomé peindre à ses côtés ; le Maître suggérait et corrigeait, Bartolomé écoutait et apprenait. Le Maître recommença à faire venir des modèles, surtout des gamins des rues (auxquels Maîtresse donnait à manger dans la cuisine avec des soins maternels) et des vieillards (auxquels elle donnait de chauds pardessus et des vêtements usés ou dépareillés). Le Maître peignait les hommes sous l'aspect de grands personnages du passé, ou vêtus en saints ou en prophètes. Murillo voyait en chacun d'eux la lumière du Christ, mais ce qui intéressait mon maître, c'était ce que ces gens représentaient individuellement, ce qui rendait chacun différent de tout autre. C'est ainsi qu'il trouvait sa vérité.

Il me faut à présent faire une confession douloureuse. Ce fut une époque de bonheur tranquille : Maîtresse présidait aux repas, mon maître travaillait tout le jour, Bartolomé à ses côtés, et Paquita, avec son bout de petite fille toute ronde avec ses grands yeux noirs, venait souvent nous rendre visite ; et c'est pendant ce temps que je revins avec passion à mon vice secret : la peinture. Avec les ducats que le Roi m'avait donnés, j'achetai de la toile et des pinceaux, et, que Dieu me pardonne, je volais constamment des couleurs. Si je continuais obstinément, c'est qu'il me semblait que je commençais enfin à faire quelques progrès dans cet art si difficile et exigeant. Et pourquoi pas ? Moi aussi, je travaillais aux côtés du plus grand maître du monde, même si mon travail lui restait invisible. Et Murillo, dont la façon de peindre était toute différente de celle de mon maître, plus douce et en général plus sentimentale, n'était pas non plus un exemple négligeable et j'apprenais de lui aussi. Je copiais donc soigneusement leurs œuvres et commençai à faire directement par moi-même des études de couleurs, de lumière, de formes et de perspective. Tout le monde à la maison était occupé et heureux, et nul n'avait le temps ni l'humeur de rien soupçonner. J'avais beaucoup de temps à moi. C'est ce qui rongeait ma conscience et me faisait souffrir constamment : la confiance que le Maître avait en moi.

Chaque matin, quand j'accompagnais Murillo à la première messe, je me rongeais de remords. Il communiait tous les jours, et je me suis souvent étonné de voir, quand il levait son visage rond, lourdaud, commun, pour recevoir l'hostie, comment Dieu posait alors sur ses traits ordinaires une aura de sainteté. Et moi ? Incapable de promettre que je ne tromperais plus mon maître en volant ses couleurs et en peignant en secret, je ne pouvais me confesser ni recevoir l'absolution. Honteux, coupable, je m'agenouillais mais je ne pouvais recevoir la grâce, et Murillo, la bonne âme, quand il le remarqua, commença à se faire du souci pour moi.

— Juan, mon ami, me disait-il, va te confesser ! Lave ton âme pour pouvoir recevoir de nouveau l'Eucharistie ! Aucune joie terrestre ne peut se comparer à cela !

Il ne m'appelait jamais «Juanico», comme tous les autres. Dans la bouche de mon maître, de Maîtresse ou même de Paquita, «Juanico» me plaisait, c'était affectueux, familier et aimable, mais je détestais que d'autres hommes m'appellent ainsi, car je sentais bien qu'ils le faisaient sans y penser, avec autant d'égards que s'il s'était agi d'un chien. Et pourtant, puisque j'étais un esclave, je ne pouvais m'attendre à ce que l'on m'appelle «monsieur Pareja». Je me hérissais chaque fois qu'un inconnu claquait des doigts en m'appelant «Juanico», et les années ne diminuèrent jamais mon ressentiment. Chaque fois que je le pouvais, je feignais de ne pas entendre. J'aimais Bartolomé dont le bon cœur avait trouvé si simplement la meilleure façon de s'adresser à moi : «Juan, mon ami.»

— Juan, *amigo*, me dit-il donc ce matin-là, si je peux t'aider, ouvre-toi à moi.

— Je vais réfléchir, promis-je.

Et je réfléchis. Je luttai de toutes mes forces, mais je ne pouvais me résoudre à lui parler de mon secret, ni à le confesser encore. Et c'était une torture pour moi, car je pouvais à tout instant tomber malade ou avoir un accident, et si je mourais, je devrais paraître devant le Juge avec tous mes péchés sur ma tête, sans confession, sans repentir et sans pardon.

J'essayais à cette époque, dans le secret de ma chambre, de peindre une madone. Telle était ma témérité. J'éprouvais un besoin irrépressible de représenter sur la toile le doux visage juvénile de Notre Dame à l'instant où l'ange lui apparaît et dit : « Je Te salue, pleine de grâce ! Bénie sois-Tu entre toutes les femmes ! » et lui annonce qu'elle va devenir la mère de Dieu.

J'avais tendu une belle pièce de fine toile de Hollande, qui m'avait coûté un bon prix, et j'y avais dessiné la silhouette, grandeur nature, d'une jeune Vierge aux mains jointes. Les yeux étaient baissés et le visage grave et sérieux, comme devait l'être celui d'une jeune fille à qui l'on vient d'annoncer une nouvelle aussi prodigieuse. Toutes les proportions étaient justes. Tout était prêt pour commencer à poser les couleurs. J'avais travaillé bien des heures sur ce dessin.

J'étais prêt à me mettre à peindre. J'avais près de moi deux pinceaux, l'un fin et délicat, en queue d'écureuil, et l'autre plus dur et plus lourd, pour les touches les plus fortes.

Je commençai. J'avais dessiné les vêtements avec le plus grand soin — la façon dont la robe se drapait, moulant les membres presque enfantins, les plis des longues manches, le manteau qui retombait autour de la tête et s'ouvrait doucement sur le haut corselet de la robe. Je travaillais, j'étais heureux, il me semblait que j'avais enfin attrapé la manière dont le Maître posait une menue touche de lumière sur les saillies de l'étoffe et une ombre douce et profonde dans les creux des plis drapés.

Quelques jours après, je commençai à peindre le visage. Je posai d'abord une couleur de base, un rose sombre et terreux, comme mon maître le faisait toujours, puis je précisai les couleurs, couche après couche, jusqu'à obtenir la perfection des nuances de la chair, qui devaient refléter la lumière et la vie, suggérer le volume de la chair, la texture de la peau et des veines et le sang qui battait sous sa surface tiède. Tout en peignant, je mélangeais les couleurs sur un morceau de porcelaine brisée qui me servait de palette, et je vis se produire des changements étranges. C'est ma main qui les faisait, tandis que mes yeux, stupéfaits, les voyaient apparaître sur la toile comme si je n'étais plus maître de moi-même. Le visage de la Vierge que j'étais en train de peindre devint imperceptiblement plus foncé, les traits plus mous et plus ronds. Le visage se transformait en celui d'une fille de ma propre race, aux yeux énormes, d'un noir de velours, qui laissaient voir à peine le blanc lumineux qui les encerclait, au large nez, avec ses narines sensibles et palpitantes, aux lèvres charnues, avec leurs commissures profondes. Les cheveux, qui apparaissaient sous le capuchon du manteau, étaient noirs et finement frisés. J'avais peint une madone noire.

Au début, j'étais satisfait et même heureux de ma peinture. Puis la tristesse m'envahit, car il me semblait qu'un diable avait guidé ma main et que j'avais peint

Notre Dame sous les traits d'une jeune négresse par pur orgueil, pour proclamer que ma race était la race élue. Je me mis la tête dans les mains et pleurai amèrement.

Alors je réfléchis ; peut-être était-ce un ange qui m'avait guidé pour me faire prendre pleine conscience de la faute que je commettais à tenter ainsi en secret de me placer sur le même plan que mon maître, de lui montrer que je valais autant que lui, que je pouvais peindre aussi bien, que je pouvais représenter ma race dans toute sa beauté cachée, exactement comme il savait montrer la dignité, l'orgueil de l'Espagnol ? J'étais en grand désarroi et ne savais que faire, je ne pouvais que pleurer et souffrir jusqu'au fond de l'âme.

Alors je me souvins de la bonté de Bartolomé, et qu'il m'appelait toujours son ami.

Un jour, mon tableau terminé n'était pas encore sec, le Maître descendit de l'atelier avec une de ces migraines qui le paralysaient parfois. Je fis tout mon possible pour le soulager, par des massages, des linges mouillés autour du cou et des tisanes pour l'aider à dormir, et quand enfin il put somnoler par intermittence et que je sus qu'il allait aller mieux, je fis l'obscurité dans la pièce et sortis sans bruit. Maîtresse vint le veiller, et j'eus quelques heures de liberté devant moi. La décision s'imposa à moi, soudaine et définitive, de demander de l'aide à Bartolomé. J'allai le chercher dans l'atelier, où il travaillait à un immense tableau couvert d'anges et de nuages.

— Bartolomé, j'ai besoin de vous. Venez.

Je n'eus pas besoin d'en dire plus, il posa aussitôt sa palette, s'essuya les mains, et s'apprêta à me suivre. Je l'emmenai dans ma chambre et refermai la porte derrière nous. Dès que ses yeux se furent habitués à la pénombre, il vit mon tableau. Il se glissa silencieusement jusqu'à la porte qu'il entrouvrit pour qu'un peu de lumière éclaire la peinture, et il se mit à l'étudier pendant vingt bonnes minutes. Puis il la retourna doucement face contre le mur, et referma la porte.

— Sortons, nous parlerons plus librement, dit-il, et, après avoir prévenu le cuisinier que nous serions de retour dans une heure environ, pour le cas où le Maître s'éveillerait et demanderait l'un de nous deux, nous sortîmes de la maison. Dehors, sans nous consulter, nous prîmes d'un même pas la rue qui menait à une petite église où nous avions souvent assisté ensemble à la messe.

Après un coup d'œil autour de nous pour s'assurer que personne ne pouvait nous entendre, Bartolomé me serra la main dans les siennes.

— C'est un beau tableau, *amigo*. Je te félicite ! La figure, les étoffes, la lumière, tout y est digne d'un élève du maestro Velázquez ! Mais qu'est-ce qui te trouble à ce point ?

— Je suis esclave, je n'ai pas le droit de peindre.

À ces mots, je vis sa bouche s'ouvrir et tout son visage exprimer la stupéfaction.

— Mais comment est-ce possible ? protesta-t-il.

— C'est la loi. Les esclaves peuvent être artisans, mais ils n'ont pas le droit de pratiquer les arts. C'est pour cela que je peignais en secret. J'ai copié les œuvres du Maître pendant des années, et j'ai appris à dessiner. Seul.

— Je suis un imbécile, dit Bartolomé, je ne vois jamais plus loin que le bout de mon nez. J'ai peut-être entendu parler de cette loi, mais je n'en ai aucun souvenir. Je suis pauvre, ma famille n'a jamais eu d'esclaves. Mais, Juan, si tu n'as jamais fait aucune concurrence aux hommes libres, comment peut-on affirmer que tu as violé la loi ?

Dans sa simplicité, il pensait que l'esprit de la loi était sa lettre même, et il ne pouvait accepter l'idée que j'étais en faute.

— Et tu as vraiment appris, continua-t-il. Je serais fier de signer moi-même le tableau que tu viens de me montrer.

— Je sais combien vous êtes bon. Mais, vous comprenez, c'est pour cela que je ne peux me confesser. Le prêtre me dirait de cesser de peindre, et je ne peux pas ! Je ne peux pas !

— Pas si vite, attends un peu. Réfléchissons calmement. Est-ce que peindre, alors, est un péché ? Je ne l'ai jamais entendu dire.

— Mais je suis esclave !

— Et c'est un péché, d'être esclave ?

— Non. C'est une injustice. Mais je suis un homme religieux. Je n'attends pas de justice sur cette terre, mais seulement dans les cieux. Et je ne suis pas un esclave révolté. J'aime le Maître, et Maîtresse.

— Tu es un homme bon. Et je n'arrive pas à voir quel mal tu as commis. Quand tu te confesses, est-ce que le prêtre te demande ta condition ? Est-ce qu'il te demande : « Es-tu un esclave ? » ou : « Es-tu un pécheur ? »

— C'est vrai. Il ne le demande jamais. Je dis seulement que je suis un pécheur. Que j'ai péché.

Je voyais maintenant où il voulait en venir, et un frisson délicieux me secouait, le réveil de l'espoir.

— Je ne vois rien qui t'oblige à confesser que tu peins, ami, conclut Bartolomé. Et crois-moi, je suis très scrupuleux. Peindre n'est pas un péché, et cela n'a rien à voir avec le fait que tu puisses recevoir ou non la communion.

— Mais j'ai volé des couleurs.

— Dans ce cas, il faut le confesser, et promettre de ne jamais recommencer. Tu n'en auras plus besoin, d'ailleurs ; je t'en donnerai. Voyons, quel est le problème ? Allons trouver un confesseur immédiatement.

Nous marchâmes d'un pas vif jusqu'à la petite église, pour prendre nos places dans la file de fidèles qui attendait pour se confesser. Bartolomé, à son habitude, tomba aussitôt en prières ferventes. Quant à moi, je me confiais absolument en lui. Je voulais croire ce qu'il m'avait dit, évidemment. C'était une partie de l'explication, je m'en rends compte à présent. Cependant, le plus important est qu'il m'avait convaincu, en toute certitude, qu'il avait raison.

Mon tour arriva enfin, et je me confessai. Je parlai des occasions où je m'étais mis en colère, de celles où la paresse m'avait gagné, et du vol de petites quantités de peinture de couleur. Je parlai du péché le plus grave : j'avais désespéré de l'amour de Dieu, et, dans mon orgueil, j'avais imaginé que la pitié et le pardon du Seigneur, qui sont infinis, m'étaient à jamais interdits.

Le prêtre me donna une pénitence sévère, je me relevai et retournai m'agenouiller à côté de Bartolomé. Il ne pouvait savoir, et n'imaginerait jamais, le don qu'il venait de me faire en me faisant comprendre que je pouvais me confesser et recevoir à nouveau le corps du Seigneur. Je fis en moi-même le vœu de le servir aussi fidèlement que je servais mon maître chaque fois que j'aurais un peu de temps à moi.

Sur le chemin de la maison, il dit, avec sa simplicité habituelle :

— Maintenant, Juan, mon ami, te voilà redevenu un communiant ! J'en suis heureux pour toi !

Et en effet, il rayonnait de joie.

— Si seulement je pouvais montrer ma peinture au Maître !

J'avais un tel besoin de voir ses yeux se poser sur mon travail que le cri m'avait échappé.

Bartolomé changea aussitôt de visage, et une prudence paysanne apparut dans ses yeux.

— Si tu veux mon avis, ne la lui montre pas. Pas tout de suite. Le moment viendra... Quand le temps sera venu, tu le sauras, et tu pourras lui montrer ce que tu as fait. Mais pas encore...

— Croyez-vous que j'aie eu tort de représenter Notre Dame sous l'apparence d'une jeune négresse ? demandai-je humblement.

— Pourquoi cela ? Notre Seigneur prend bien des formes différentes dans l'amour des âmes chrétiennes. C'est parfois un enfant, ou un vieillard, ou même un lépreux. Et Notre Dame peut se révéler dans le corps d'une petite fille, ou d'une jeune Italienne, d'une demoiselle espagnole ou d'une jeune femme de race noire. Sa tendresse, Sa bonté, Sa sainteté brillent à travers tous les vases qu'Elle élit pour y loger un moment Son esprit. Et, ajouta-t-il en se tournant vers moi, la main affectueusement posée sur mon bras, et les gentilles femmes de ta race, Juan, ont une beauté que Notre Dame ne saurait jamais mépriser.

C'est ainsi que nous rentrâmes, et ma vie, à partir de ce jour, devint plus ample et plus heureuse, et je devins meilleur, je crois, car Bartolomé avait écarté de mon esprit les petits soucis mesquins et l'avait conduit sur les chemins de la Vérité. Je ne volais plus de couleurs. Il m'en donnait, à présent, ainsi que de la toile et des pinceaux.

Je servais le Maître, Maîtresse et Bartolomé, et je peignais. Je ne pensais pas que la vie ait de plus grandes joies à m'offrir.

11

OÙ JE RETOURNE EN ITALIE

Bartolomé resta trois ans avec nous avant de rentrer à Séville. Il nous écrivait de temps en temps. Il s'était marié, et avait un grand atelier avec beaucoup d'apprentis, et d'innombrables commandes de tableaux religieux pour l'Église. Je pensais souvent à lui, lui souhaitais du fond du cœur tout le bonheur possible, et lui envoyais, par-dessus les lieues qui nous séparaient, ma plus profonde amitié.

Au cours de l'année 1649, Sa Majesté chargea mon maître d'aller en Italie acheter des tableaux et des statues pour le palais et pour ses musées. Les préparatifs du voyage furent longs, et au dernier moment, juste avant notre départ, il nous fallut changer brusquement nos plans. Le Maître avait d'abord eu l'intention d'embarquer à Séville, mais la peste était dans la ville, et il lui parut préférable de ne pas s'y exposer. Barcelone était alors aux mains des Français. C'est pourquoi, finalement, nous voyageâmes par terre jusqu'à Malaga, d'où un bateau nous mènerait à Gênes.

Nous embarquâmes par une froide journée d'hiver, au début janvier, sous une petite pluie fine. Mon pauvre maître pâlit d'appréhension dès qu'il eut posé le pied sur le pont du navire, qui dansait doucement sous ses pas. Il se rappelait son mal de mer de notre premier voyage, et il avait raison, hélas! de craindre l'avenir immédiat. Nous passâmes sur l'eau les quarante jours les plus horribles de ma vie, et de la sienne.

Nous n'avions quitté le port que depuis un jour ou deux quand un violent orage nous enveloppa, et il nous secoua si fort qu'il fallut nous attacher à nos couchettes pour endurer, impuissants, les sauts et les rebonds désordonnés du bateau. C'était plus terrifiant que tout ce que j'avais jamais imaginé ; entre les sifflements perçants des voiles et les gémissements des bois de la coque, on sentait qu'à tout instant le navire pouvait renoncer à la lutte et se laisser couler à pic. Même moi, j'étais bien incapable de rien faire pour servir mon maître, car j'étais malade comme lui et aussi faible qu'un chaton noyé, et il nous fallut rester ainsi, sales et misérables, pendant trois jours et trois nuits, jusqu'à ce que le plus gros de la tempête soit passé. La mer resta forte et la houle haute. Quand le Maître se leva et s'élança en titubant à travers la cabine pour prendre du linge propre dans sa malle, un coup de roulis le projeta contre la cloison et il se fit à la main droite une vilaine coupure.

Je le soignai de mon mieux. Je le lavai et l'aidai à se changer, nettoyai sa main avec des huiles aromatiques et lui fis un bandage. Mais bien avant notre arrivée à Gênes, la main s'infecta, et mon pauvre maître dut passer allongé sur sa couchette le reste de la traversée, serrant de sa main gauche la droite enflée et douloureuse et faisant à chaque élancement un effort pour ne pas crier. Je l'observais soigneusement, et comme la main ne présentait pas ces dangereuses marques rouges le long des veines, signes d'un grand péril, je gardai espoir qu'il finirait par se remettre.

Dès notre arrivée à Gênes, nous courûmes droit chez un chirurgien-barbier, qui tâta et pressa tant la main blessée que mon maître s'évanouit. Avant qu'il ne revienne à lui, je le pris à bras-le-corps, le hissai sur mon épaule et l'emportai ; je mourais de peur à l'idée que ce barbier pouvait décider d'ouvrir la main du Maître avec un rasoir pour faire sortir le sang gâté. Je pensais qu'il valait mieux que je le soigne moi-même, avec des pansements chauds et des herbes, pour sauver sa main sans y laisser de cicatrices. Cette main, après tout, avait plus de prix que toute la ville de Gênes réunie.

C'est ainsi que je l'emportai sur mon dos, jusqu'à une auberge confortable, au cœur de la ville. Je maintenais nuit et jour sur sa main des herbes médicinales serrées dans des linges chauds, et je commandai pour lui beaucoup de bouillon fort, de gruau sucré et de vin rouge, pour lui redonner des forces et purifier le sang. Dieu merci, je ne me trompais pas, la main peu à peu désenfla, les éraflures infectées se fermèrent proprement et les élancements cessèrent.

– Demande ce que tu voudras, Juanico, soupira le Maître le matin où il vit que sa main avait repris enfin une taille et une couleur normales. Cette main ne peut rien te refuser.

Je pensai à beaucoup de choses, mais il me sembla qu'il serait mal de demander un paiement pour ce qui avait été de ma part un acte de vrai dévouement. Du reste, chaque fois que j'avais eu besoin de quelque chose d'important que mon Maître pouvait me procurer, je n'avais eu qu'à le dire pour qu'il me le donne. Aussi, je répondis simplement :

— Je ne demande rien, Maître. Peut-être un jour, mais aujourd'hui il n'y a rien au monde que je désire autant que votre complète guérison. Je rends grâces à Dieu que votre main soit sauvée et puisse peindre d'autres centaines de glorieux tableaux !

Il ne dit rien, car il avait toujours été un homme silencieux, mais je vis qu'il enregistrait mes mots au fond de sa mémoire.

À Gênes, dès qu'il fut tout à fait rétabli, il visita de nombreuses collections et choisit pour le Roi quantité de tableaux dont il organisa l'envoi sur un galion espagnol. Puis nous prîmes la route de Venise. En Italie, contrairement à l'Espagne, les villes sont souvent toutes proches les unes des autres, à une petite journée de marche, et quand il faisait beau, nous partions souvent dans la brume du petit matin, avec un pain, du vin et du fromage, en envoyant nos bagages en avant à dos de mulet. On avait averti le Maître que c'était d'une folle imprudence, car les bandits de grands chemins pullulaient, mais il répondait que nous ne portions aucun objet de valeur et que, quant à la nourriture, il la partagerait avec plaisir avec n'importe quel voyageur qui le désirerait. De fait, nous ne fîmes aucune mauvaise rencontre, et les gens des villages nous accueillaient très aimablement. Beaucoup plus que les citadins, souvent soupçonneux et retors, et qui, nous voyant étrangers, faisaient de leur mieux pour nous duper. D'ailleurs, nous n'avions jamais de bourses sur nous, et le Maître et moi gardions chacun quelques pièces dans des ceintures nouées autour de nos tailles et dans nos chaussures. Le banquier du Roi avait fait en sorte que des prêteurs tiennent de l'argent à notre disposition à notre arrivée à Venise et à Rome.

Par contre, nous portions toujours quelques toiles préparées, des fusains et des couleurs. Souvent, le Maître s'arrêtait pour faire une esquisse de la lumière qui se découpait, en arabesques subtiles, à travers les branches d'arbres effeuillés se croisant au-dessus de la route, ou le brillant de la rosée sur une chenille, ou le scintillement d'un ruisseau qui courait dans les champs dépouillés. C'était l'hiver, et il faisait froid. Une tempête de neige nous força à demeurer plusieurs jours dans une ville ancienne, Crémone, où le Maître occupa son oisiveté forcée à chercher une famille de célèbres fabricants de violons. Il avait entendu parler d'eux et de leurs instruments par des voyageurs, qui contaient que ces familles gardaient jalousement, et se transmettaient de génération en génération, les secrets du travail du bois et de vernis mystérieux.

Une autre fois, sur la route, un orage de vent et de grêle nous surprit, qui glaça le Maître jusqu'aux os. Cela réveilla une douleur aiguë dans sa main blessée, qui de nouveau enfla au double de sa taille et lui donna la fièvre. Quand nous arrivâmes à une auberge, le Maître monta aussitôt dans sa chambre et n'en bougea plus, et je compris qu'il commençait à avoir vraiment peur. Ce qui se conçoit. Cette main avait été son gagne-pain depuis sa première jeunesse ; elle contenait tout son savoir, tout son métier, tout son art, tout ce qu'il avait appris en presque trente ans de travail acharné.

Je fis ce que je pus pour lui et tentai de le persuader d'appeler un des plus habiles chirurgiens italiens, mais il refusa : il en avait une peur mortelle. Je ne savais plus que faire ; le Maître ne parlait plus et restait allongé tout le jour dans une espèce de stupeur désespérée. Il ne restait plus qu'à prier.

Aussi le laissai-je, au chaud et bien couvert, et je sortis chercher l'église principale de la ville. Je me jetai à genoux devant l'image de la Vierge et pleurai. La peur qu'avait mon maître de perdre sa main m'avait gagné, et je ne pouvais le supporter. J'implorai l'aide de Notre Dame, et je promis que, si elle voulait bien prendre pitié du Maître et le guérir, je lui avouerais à notre retour en Espagne la faute que j'avais commise en peignant en secret toutes ces années, et que j'endurerais sans me plaindre tous les châtiments.

Ce furent peut-être les larmes qui me troublaient la vue, ou un jeu de la lumière d'hiver qui entrait par les hautes fenêtres, ou peut-être fut-ce vraiment un miracle, je ne sais pas. Mais, tandis que je suppliais la Vierge de m'accorder ce bienfait, il me sembla la voir sourire et incliner doucement la tête vers moi. Miracle ou illusion, cela me parut un présage d'espérance et me réconforta puissamment. Je restai à genoux et récitai un rosaire, avec toute la ferveur et tout l'amour possibles, puis je me hâtai de rentrer à l'auberge où mon pauvre maître reposait, désolé et souffrant.

Quand j'entrai dans sa chambre, le feu s'était éteint et il commençait à faire froid. Je demandai du bois et fis bientôt renaître de belles flammes dansantes, puis je tirai les rideaux, et descendis à la cuisine commander un grand pot de bouillon concentré et un peu de viande grillée pour le déjeuner de mon maître. Quand je remontai, il n'avait pas bougé, et je m'approchai pour toucher son front. Il était frais ; quelques gouttes de sueur y perlaient, et il respirait régulièrement et profondément.

Pendant que je le regardais, il remua, changea de position, comme une personne en bonne santé, et poussa un profond soupir. Il allongea sur le couvre-lit sombre sa main blessée, et, posée là, je la vis soudain incroyablement blanche sur le fond noir, nerveuse et délicate, sans trace d'enflure ni de rougeur. Même les croûtes et les griffures avaient disparu, et il n'y avait pas une heure que je l'avais vue empoisonnée, condamnée. C'était sa main, sa main merveilleusement habile et savante, sa main de toujours. Je tombai à genoux à côté du lit et la portai à mes lèvres.

Le Maître se réveilla et se dressa sur son séant.

– Juanico !

Et, me voyant à genoux près de lui, il ajouta :

– Que se passe-t-il ?

– Votre main, Maître !

Il la leva, la ferma, fit jouer les doigts et éclata de rire.

– Oh, que Dieu soit loué ! cria-t-il, et je répondis en écho :

– Amen.

Alors il se leva et mangea de grand appétit.

Le lendemain, nous reprîmes notre route vers Venise, mais cette fois en voiture de louage, et mon maître, qui ne chantait jamais, fredonna tout bas pendant presque tout le voyage, et sifflota en gonflant les joues.

Je me rappelais bien Venise, et la lumière si particulière qui y règne, qui ne ressemble pas à celle du reste de l'Italie. Dans presque tout le pays, la lumière est douce et dorée, mais à Venise, c'est un pur rayonnement froid, légèrement teinté de bleu pâle, comme un reflet du miroitement de la mer.

Le Maître avait recommencé à peindre, tout en s'occupant des nombreuses missions dont il était chargé. Mais la souffrance et la terreur de perdre sa main, qui était la quintessence de tout ce qui comptait dans sa vie, l'avaient affecté jusqu'au fond de l'âme. Il avait perdu son assurance, dessinait avec appréhension et hésitait au moment de commencer à peindre. Parfois, son pinceau tremblait légèrement au bout de ses doigts, et cela suffisait à le plonger dans le désespoir et le silence, qu'il gardait pendant des heures entières. Il commençait à douter de pouvoir jamais refaire un portrait. Et le portrait avait toujours été le fondement et le centre même de son art.

Il commença le portrait d'une dame de Venise, mais il en était fort mécontent et décida soudain de lui rendre l'avance qu'elle lui avait donnée et de lui dire qu'il ne pouvait continuer. Il détruisit la toile, et cette même nuit, prit deux sièges dans une voiture qui partait à Rome le lendemain. Le voyage dura plusieurs jours, et malgré la beauté changeante du paysage que nous traversions, car le printemps revenu habillait arbres et vignobles de nouvelles feuilles vert tendre, il ne cessa de tenir sa main droite dans la gauche, de la serrer et de la masser.

— Je sens un fourmillement au bout des doigts. Je n'aime pas cela, Juanico, m'avoua-t-il. Que vais-je faire si je ne peux plus jamais peindre ?

— Dieu ne vous aurait pas tourmenté d'une telle douleur et d'une telle angoisse s'Il n'avait pas voulu vous en donner la récompense, affirmai-je avec ferveur.

Un petit sourire ironique apparut sur ses lèvres.

– Espérons seulement qu'Il pense à m'envoyer la récompense tant que je suis sur cette terre, Juanico. Sinon, nous mourrons de faim.

– Je ne suis pas inquiet pour cela, et encore moins pour votre peinture, Maître.

– Mon loyal Juanico. Je ne sais ce que je deviendrais sans toi.

Quand enfin nous entrâmes dans Rome, nous nous logeâmes dans une des meilleures auberges de la ville, mais nous n'y étions pas plus tôt installés qu'un grand d'Espagne, marié à une dame de la noblesse romaine, nous pria d'accepter l'hospitalité de son palais. Il avait reçu des lettres du Roi et de nobles espagnols, et était déterminé à ne pas laisser mon maître loger ailleurs que chez lui.

Il s'appelait Don Rodrigo de Foncerrada, et c'était un homme âgé, aimable et corpulent. Lui et sa femme avaient eu un grand nombre de filles, mais elles étaient mariées à présent et vivaient chacune chez soi, et il y avait au palais beaucoup de chambres vides. Il nous y installa donc. Don Rodrigo traitait le Maître avec tous les honneurs, et lui donna une suite de plusieurs chambres, dont une, vaste et claire, qu'il fit débarrasser de tous les meubles inutiles pour en faire son atelier. Je dormais sur un grabat dans la même chambre que mon maître, comme toujours quand nous voyagions, pour pouvoir veiller sur lui et le servir de nuit comme de jour.

Sans aucun doute, Don Rodrigo et sa dame étaient tous deux des familiers du pape et de la cour du Vatican, car après quelques jours seulement, un messager spécial chargé de cadeaux et de messages de bienvenue vint inviter mon maître à une audience privée avec le pape Innocent X.

Je me souviens que mon maître s'y prépara avec grand soin. Il jeûna, puis alla se confesser et communier ; il prit un bain et me demanda de lui laver les cheveux. Il s'habilla comme toujours, en noir, suivant la bonne coutume espagnole. Don Rodrigo aussi ne portait que du noir, ou un vert très sombre, mais sa dame, pourtant bien vieille et très ridée, et assez édentée, se teignait les cheveux d'un blond métallique et portait des robes pourpres, violettes ou abricot.

Le Maître partit seul pour le Vatican, mais il n'avait pas fait vingt pas qu'il revint me chercher.

— Juanico, accompagne-moi. Tu vas devoir m'attendre quelque part pendant que le pape me recevra, mais tu as été à mes côtés pendant tout ce voyage et je serai heureux de savoir que tu n'es pas loin quand je baiserai l'anneau de Sa Sainteté.

Nous marchâmes donc ensemble par ces rues que d'innombrables générations avaient foulées déjà longtemps avant l'époque de la venue de Notre Seigneur... Nous dépassâmes de hautes colonnes que les Romains avaient rapportées de leurs guerres de conquête et dressées fièrement sur leurs propres places, pour rappeler aux citoyens que les armes romaines avaient porté leur pouvoir jusqu'au bout du monde. Il y avait aussi beaucoup d'églises, construites à différentes époques, plusieurs d'entre elles inachevées. Nous arrivâmes au Tibre, qui précipitait entre ses berges profondément creusées le flot verdâtre violemment poussé par les crues de printemps, et nous suivîmes les bords de la rivière en laissant à notre droite le Château Saint-Ange.

En moins d'une heure de temps, car Rome n'est pas une ville très étendue, nous avions atteint l'impressionnante colonnade dont les deux bras s'étendent en demi-cercle de chaque côté de Saint-Pierre. J'accompagnai le Maître aussi loin que je pus jusqu'à ce que les gardes me ferment le passage, puis je retournai à Saint-Pierre pour prier.

Je restai longtemps agenouillé, car j'avais bien des choses à présenter aux yeux du Seigneur, et je déposai devant Lui d'innombrables pensées afin qu'Il puisse les passer au crible, me laisser le bon grain et emporter l'ivraie au souffle de Sa pitié. Quand je me redressai, j'avais les genoux raidis et je me sentais vieux et fatigué ; je n'avais pourtant pas encore quarante ans. Mais j'étais en paix et fort de mes bonnes résolutions, et je pus me permettre le plaisir de flâner d'un autel à l'autre dans l'énorme église.

Je restai longtemps en arrêt devant une statue de la Vierge pleurant son fils mort étendu sur ses genoux ; c'était une Pietà de Michel-Ange, si tendre et bouleversante qu'elle me fit venir les larmes aux yeux.

Le Maître m'avait dit qu'après son audience il me retrouverait dans l'église, et il me rejoignit, en effet, devant la Pietà. Il ne prononça pas un mot, pas plus que moi, et un long moment de silence émerveillé passa ainsi, face à l'admirable statue. Puis mon maître me fit signe, en me touchant légèrement le bras, qu'il était temps de partir, et nous ressortîmes sous le brillant soleil du matin romain.

– Allons prendre un rafraîchissement, dit-il, et nous nous installâmes à une petite terrasse.

Une jeune serveuse nous apporta du vin et des olives, et des tranches d'un saucisson fort.

— On me demande de peindre le portrait de Sa Sainteté, annonça le Maître sans préambule, en ôtant de sa bouche un noyau d'olive.

— Oh, Maître ! Dieu soit loué ! Vous allez enfin être reconnu à votre juste valeur dans toute l'Italie ! Dans le monde entier !

— Je pense que c'est Sa Majesté, notre Roi, qui l'a suggéré. C'était arrangé d'en haut. Mais je crois comprendre que certains nobles de la cour du Vatican ne sont pas très enthousiastes. Ils n'aiment guère les étrangers en général, et moins encore les Espagnols. Je dois faire un portrait superbe, Juanico.

— Vous le ferez.

— J'aimerais en être aussi sûr que toi.

Il demanda un panier de cerises et se mit à les manger tout en parlant. C'étaient les premières cerises du printemps, et elles étaient encore plus pâles que rouges.

— Ce portrait me met mal à l'aise. Je dois d'abord faire des études, des exercices, pour être au mieux de ma forme. J'ai fait en sorte que la première séance de pose ne soit que d'ici un mois.

Il faisait jouer ses doigts en les fixant d'un air malheureux.

— Peignez-moi, Maître ! Faites un portrait de moi !

Il m'avait souvent fait poser pour les apprentis, et lui-même avait fait quelques croquis, mais je le vis soudain poser sur moi un regard nouveau, un regard froid et distant, concentré. Je le vis dessiner mentalement ma joue ronde, mon nez épais et mes lèvres lourdes, la ligne de ma moustache et de ma barbe, mes yeux noirs.

Puis il se leva, repoussant les fruits et le vin.

– Viens, dit-il. Viens, allons acheter de la toile. Oui, je vais te peindre, Juanico. Tel que tu es, loyal, bon et plein de ressources. Et aussi fier, et imposant. Que Dieu guide ma main !

12

OÙ LE MAÎTRE PEINT MON PORTRAIT

La pièce qui nous servait d'atelier avait une grande fenêtre qui ouvrait au nord et par laquelle entrait toute la journée une lumière claire et sans ombres.

Le Maître me dit de porter mes vêtements de tous les jours, qu'il compléta d'un large col blanc bordé de dentelle, qui lui appartenait, pour mettre en valeur les tons sombres de mes vêtements bruns et de ma peau noire.

Il me plaça devant lui, me dit de le regarder bien en face et de retenir ma cape pour qu'elle retombe sur mon épaule gauche. C'était une pose facile. Quand je posais, à la maison, pour ses apprentis, j'étais souvent sur le point de m'effondrer d'épuisement lorsqu'on me donnait enfin la permission de rompre la pose, mais ça, ce n'était rien du tout. Je n'avais qu'à rester debout. Le plus difficile à retrouver était l'expression. Le Maître voulait que je le regarde comme s'il était un inconnu, un passant, n'importe qui. Il voulait, me dit-il, ce regard de dignité, qui suggérait aussi la circonspection et la réserve.

Nous commençâmes à travailler chaque jour, aussi longtemps que la lumière le permettait, et je m'habituai vite à retrouver la pose, que le Maître rectifiait légèrement d'un geste de la main, et à reproduire en moi la même émotion, qui donnait au Maître l'expression qu'il voulait.

Dès le deuxième jour, il commença à peindre. Chaque soir, selon son immuable habitude, il couvrait la toile d'un drap, et jamais il ne permettait au modèle de voir ce qu'il était en train de faire. Le soir du quatrième jour, il me montra le tableau.

C'était moi, qui me regardais, comme dans un miroir. Mis à part la ressemblance, qui était saisissante (pour cela, il n'avait pas son égal), la composition était harmonieuse et puissante, dans le pur style espagnol, avec pourtant un scintillement inhabituel de lumière d'or autour de ma tête et sur ma peau, et une satisfaction intérieure que je ne saurais décrire. C'était comme si le peintre avait peint ce que l'on voyait du dehors, mais aussi, et non moins clairement, ce qu'il y avait à l'intérieur... les pensées qui occupaient ma tête.

– Ce n'est pas parce qu'il s'agit de votre Juanico, Maître, mais je crois que c'est le meilleur portrait que vous ayez jamais peint ! Je me vois, et je vois ce que je suis en train de penser !

Le Maître me tendit ses pinceaux.

– Je suis content, dit-il, et ce fut tout.

J'emportai ses pinceaux pour les laver, et pendant que je préparais l'eau savonneuse et que je les débarrassais de leur peinture, je commençai à réfléchir aux détails d'un plan audacieux que j'avais imaginé quelques jours avant.

D'après des ragots attrapés au vol et quelques remarques de mon maître, je savais que l'on intriguait beaucoup à la cour vaticane, comme ailleurs en Europe et, sans doute, dans le monde entier. Les gens sont partout les mêmes, et les Italiens avaient pris depuis longtemps l'habitude de considérer qu'ils étaient les seuls vrais artistes en Europe. Cela ne leur convenait pas du tout qu'un Espagnol ait été choisi pour peindre le portrait de Sa Sainteté. J'avais bien remarqué, et cela n'avait pas pu échapper non plus au Maître, que pas un noble romain n'était encore venu lui demander de faire son portrait. Mon intention était de les y amener, et le plus vite possible.

Dès que mon portrait fut assez sec pour être transportable, je me mis à l'ouvrage. Je m'étais muni des noms de dix des principaux patrons de la peinture à Rome. J'attendis alors que le Maître ait des courses personnelles à faire et me donne quelques heures à moi. Le jour vint bientôt, et je sautai sur l'occasion. Je pris le portrait et le couvris soigneusement pour le protéger de la poussière et de tout risque d'accident dans la rue, et je me dirigeai vers le palais du duc de Ponti. Un serviteur en livrée des plus insolents vint à la porte me demander quelle affaire m'amenait, et je lui dis qu'il me fallait parler au duc ; j'apportais un message de Don Diego Rodríguez da Silva y Velázquez, auquel Sa Sainteté avait commandé un portrait. Je pensais que cela m'ouvrirait sa porte, et je ne m'étais pas trompé. On me fit entrer aussitôt, et on m'introduisit devant le duc en personne. Installé commodément dans une chaise longue, le cou et les épaules drapés dans une serviette immaculée, il se faisait couper et friser les cheveux.

J'attendis sur le seuil de la porte, jusqu'à ce que le duc m'appelle d'un cri :

— Entre, entre ! Alors, ce message ?

Je le laissai écarter le barbier, se redresser et me regarder avec irritation.

Puis je commençai :

— Je crois comprendre que vous vous intéressez à la peinture, et j'ai pensé que vous aimeriez peut-être voir ce portrait, Votre Excellence.

Je dévoilai le portrait et le présentai à côté de moi.

J'avais pris soin de m'habiller de la même façon et je portais aussi le col blanc de mon maître ; le duc sursauta.

— Par Bacchus ! s'écria-t-il. Ça, c'est un portrait !

— C'est un travail que mon maître a bâclé ces derniers jours, uniquement pour se détendre. C'est le meilleur portraitiste d'Europe.

Le duc se leva, claqua la langue tristement, et fit les cent pas d'un air franchement contrarié.

— Je dois l'admettre, dit-il enfin, de mauvais gré. Indiscutablement. Comment t'appelles-tu, mon brave ?

— Juan de Pareja.

— J'aimerais que tu ailles montrer ce portrait à un de mes amis. C'est possible ?

Brusquement, il éclata de rire.

— Non, attend ! s Je veux d'abord faire un pari avec lui, j'ai grand besoin de cinquante ducats. Non. Reviens ici demain à la même heure, avec le portrait.

— Les paris de Votre Excellence ne me concernent pas, répondis-je dignement. Mon but est d'obtenir pour mon maître des commandes et la reconnaissance de son art.

Le duc me fixa, puis repartit de son grand rire et haussa les épaules.

— Soit. Tu auras bien assez de commandes, tu peux m'en croire. Je vois que le serviteur n'a rien à envier au maître quand il s'agit d'être guindé et orgueilleux ! Les Espagnols ! Vous êtes tous pareils. Je serai donc le premier à commander un portrait à Messer Velázquez. Je passerai chez lui cet après-midi même pour lui demander de faire le portrait de ma femme. Et maintenant, viendra-tu demain matin comme je te le demande ?

— Je viendrai.

Je rentrai à notre logis, très content de ma matinée.

Cet après-midi-là, le duc de Ponti vint en personne à l'atelier, splendide, en brocart de soie violet brodé de fils d'or, avec des boucles d'or à ses souliers. Levant son ample chapeau de velours orné d'une plume verte, il fit une profonde révérence. Le Maître, pâle et mince dans son noir sévère, le reçut avec une sobre courtoisie et, après lui avoir offert du vin, il accepta de faire un portrait de la duchesse. Le duc ne dit pas un mot de mon portrait ni de ma visite. Moi non plus.

Mais le lendemain matin, je tins ma promesse. Je trouvai avec le duc un solide gentilhomme italien, un homme aux yeux pâles qui avait la répugnante manie de tirer sur sa lèvre inférieure, puis de la laisser reprendre sa place avec un petit claquement humide.

Le pari, évidemment, avait été tenu, car ils avaient près d'eux un portrait du gros homme, auquel je jetai un coup d'œil rapide. C'était une peinture maniérée, les traits y étaient adoucis et embellis, et on n'y trouvait que des couleurs claires et sans vigueur. Je devinai alors pourquoi on m'avait fait venir, et j'attendis que le duc me demande de dévoiler mon portrait. Je ne suis plus tout à fait novice dans l'art de choisir la lumière qui mettra le mieux en valeur un tableau. Je pris la pose et dressai à côté de moi cet autre moi-même qu'était mon portrait. Le gros homme regarda, tira sur sa lèvre, puis jeta à son ami une petite bourse. Le duc de Ponti en sortit un ducat et me le lança, mais mon maître me traitait bien et me donnait toujours l'argent dont j'avais besoin, aussi laissai-je la pièce tomber par terre et ne pris-je pas la peine de la ramasser.

– Allons, Juan, prends ce ducat, comme un cadeau.

– Je serai heureux de l'accepter comme un cadeau, répondis-je, si on me le donne comme tel.

Je dois dire, pour l'honneur du duc de Ponti, qu'il vint ramasser lui-même la pièce d'or et me la tendit avec une légère révérence.

En partant, j'entendis l'homme qui avait perdu le pari demander l'adresse du Maître, et je compris qu'une nouvelle commande était en route.

C'est ainsi qu'après sept ou huit autres visites aux riches gentilshommes de la ville mon maître reçut assez de commandes pour l'occuper toute l'année. Mieux encore, je savais que ces gens seraient désormais ses meilleurs défenseurs face à ceux qui voulaient exclure le maître espagnol des cercles les plus distingués de Rome. Je dois dire, en leur faveur, que tous ces Italiens devinrent, une fois convaincus, tellement généreux, galants et flatteurs que mon maître lui-même était gêné d'une adulation si ouverte. Il était toujours prêt à exiger le respect qu'il méritait, comme homme et comme artiste, mais ces gens faisaient de lui une idole, à présent, et cela n'était pas de son goût.

D'ailleurs, il se plongea bientôt entièrement dans la peinture du portrait de Sa Sainteté, et sembla oublier tout le reste, même s'il consacrait les jours où il n'avait pas de séance de pose avec le pape à mener à bien, parfaitement et méticuleusement, le reste de ses commandes. Il avait complètement oublié son angoisse et sa terreur de perdre sa main droite. Cette main était plus habile que jamais.

Quand il rapporta enfin à l'atelier ses premières études pour le portrait du pape, avant de commencer à travailler à la grande toile qui serait le portrait définitif, je les observai attentivement. Les études de tête montraient un homme imbu de force et de pouvoir; c'était, me semblait-il, un visage cruel, méchant même. Mais je ne jugeais pas; sans doute, le pape, qui devait gouverner beaucoup d'hommes et de groupes puissants et rebelles, ne pouvait en venir à bout avec seulement des visions célestes.

Quand le Maître entama sérieusement l'œuvre définitive, il m'emmena avec lui, comme il l'avait toujours fait, pour préparer les couleurs, changer les pinceaux, et accomplir toutes les autres tâches qui me revenaient quand il travaillait intensément. Je vis le travail progresser, et je compris, dès le début, que ce portrait allait être le meilleur qu'il eût jamais peint, car les magnifiques études de notre roi, si belles fussent-elles, ne pouvaient montrer que la réserve, la tristesse et la noblesse d'âme de Sa Majesté, tandis que le pape était un homme dans les yeux duquel des milliers de pensées subtiles s'agitaient constamment.

J'étais aussi un peu inquiet, car je voyais émerger dans le visage du pontife celui d'un homme rusé, ambitieux, difficile. Était-ce possible ? Pourtant, je reçus bientôt à ce sujet une brève leçon du Maître lui-même.

Un jour que nous rentrions du Vatican, après une séance de pose, comme le Maître semblait de joyeuse humeur et sifflotait entre ses dents, je pris mon courage à deux mains pour lui poser la question.

— Maître, Sa Sainteté ne risque-t-elle pas de s'irriter quand elle verra comment vous l'avez peinte?

— Parce que je l'ai peint comme il est? Un visage sans beauté, sans pitié même. C'est ce que tu veux dire, Juanico?

— Oui.

— Ma foi, il se connaît, il se voit, et il est habitué à lui-même, à l'image que lui renvoie le miroir. Je crois plutôt qu'il est assez homme pour être flatté que je l'aie vu aussi rude et fort; il n'apprécie la faiblesse chez personne et moins encore dans son propre portrait. D'ailleurs, nous avons tous un faible pour notre propre apparence, Juanico, quel que soit l'avis des autres sur notre visage. Même moi.

En tout cas, le portrait du pape par mon maître fut un succès retentissant. Il lui fallut commencer aussitôt le portrait du neveu du pape, le cardinal Pamphili, homme d'une élégance remarquable, et il en fit encore bien d'autres avant notre départ de Rome.

Noël approchait quand le Maître cessa de prendre de nouvelles commandes, termina tout ce qu'il avait en cours et prit des dispositions pour notre retour à la maison.

Notre voyage ne fut pas agréable, mais pas trop pénible non plus. Il n'y eut pas de tempête, et il ne fit pas trop froid, ni en mer ni sur les routes. Ce fut un grand bonheur de revoir enfin les visages des nôtres. Doña Paquita, sa petite fille et Don Juan Bautista del Mazo nous attendaient, à côté de Maîtresse, sur le seuil de la porte, et au milieu des cris de joie, des larmes et des embrassements, je ne fus pas oublié ; tout le monde me fit sentir que moi aussi je leur avais manqué et que la vie, maintenant que le Maître et moi étions de retour, allait reprendre goût et couleur.

Il ne se passa pas une semaine avant que nous ne reprenions le chemin familier de l'atelier du palais, où nous avions réinstallé toutes les toiles du Maître. La règle avait été établie depuis longtemps que toutes ses œuvres devaient être alignées, face contre le mur, pour que le Roi puisse, quand il le désirait, venir retourner celle qu'il souhaitait et la regarder tout le temps qu'il lui plairait. Il avait donné l'ordre au Maître de ne jamais s'interrompre, quand il venait ainsi, pour faire la révérence ni attendre son bon plaisir. Nous nous préparions donc pour ces visites sans façons de Sa Majesté, qui étaient fréquentes.

Le Maître dut aller présenter au Roi, devant la cour, un long compte rendu de son voyage, et montrer les chefs-d'œuvre qu'il avait rassemblés en Italie. Cette cérémonie devait être suivie d'un grand banquet officiel, pour fêter son retour.

Quant à moi, j'étais heureux d'être rentré à la maison, mais aussi profondément troublé, car pendant que j'étais en Italie Maîtresse avait acheté une autre esclave. Une femme. Elle s'appelait Lolis et s'occupait de la cuisine, des achats et surtout de soigner Maîtresse, qu'une toux persistante, des fièvres nocturnes et un affaiblissement général empêchaient désormais de s'occuper de la maison. Lolis était une femme de ma race, discrète et silencieuse, qui faisait son travail sereinement. Elle ne m'adressait jamais la parole la première, mais, comme nous mangions ensemble à la cuisine, j'entrepris de lui poser des questions pour essayer de savoir ce qu'avait été sa vie. Sa voix, que j'entendais pour la première fois, me bouleversa ; c'était une voix basse et profonde, douce comme un velours et qui portait pourtant avec une force surprenante. Lolis n'était pas belle comme l'avait été Miri, délicate, mince et élancée. Elle avait au contraire un corps plein, des os solides. Mais elle se tenait droite, à l'aise dans ce corps gracieux et puissant. Elle ne donnait pas non plus l'impression d'être, comme Miri, douce et faible. Lolis était silencieuse sans doute, mais elle était aussi forte, fière et coléreuse. Elle avait appris à se contrôler quand il le fallait, mais je l'ai vue souvent laisser sa rage exploser contre des objets inanimés, et à ces moments-là, ses yeux noirs lançaient des éclairs ambrés et sa peau sombre pâlissait.

— J'ai appartenu à la duchesse de Mancera. Je l'ai soignée pendant sa dernière maladie, me conta Lolis. Cette dame était une amie de ta maîtresse. Et quand le duc commença à réorganiser sa maison pour son deuxième mariage, il me trouva trop jeune et trop… gênante, si j'ose dire… pour sa jeune deuxième femme. Il ne voulait rien qui puisse lui rappeler la première duchesse. Ce vieux cochon vaniteux !

Elle se mit à rire, indulgente.

— Il m'a recommandée à Maîtresse, qui m'a achetée. Et maintenant c'est elle que je soignerai jusqu'à sa mort. Ensuite…

— Qu'est-ce que tu veux dire ? l'interrompis-je, alarmé. Est-ce que Maîtresse est vraiment gravement malade ?

Lolis me regarda avec pitié, puis elle haussa les épaules.

— Elle ne le sait pas encore. Mais la mort la suit de près.

Je sentis les larmes me remplir les yeux, et je balbutiai :

— Oh, que va devenir le Maître quand elle ne sera plus là ?

— Il fera ce qu'ils font tous, dit-elle, cynique. Se remarier le plus vite possible.

— Pas lui. Le Maître n'est pas comme les autres, lui dis-je.

Elle se leva et me regarda tristement.

— Je vois bien que tu aimes ces Blancs. Pas moi.

— Ils ont été bons pour moi.

Elle commença une phrase et je la vis pâlir comme quand elle se mettait en colère ; mais elle se reprit.

— Tu as de la chance de ne pas être amer et rebelle comme moi, dit-elle enfin, gentiment. C'est dur, trop dur, de dissimuler et d'attendre. Attendre, toujours. Tu es un brave homme. Je te souhaite d'être heureux.

— Tu en sais beaucoup sur la maladie et… la mort ? lui demandai-je, car je pensais toujours à Maîtresse.

— Pas mal, oui. Ma mère m'a appris bien des choses. Elle m'a aussi appris à prédire l'avenir, s'écria-t-elle avec une gaieté subite, car elle avait souvent de ces brusques sautes d'humeur. Montre, que je voie ta main !

Elle tendit sa main ouverte, à la paume large et aux doigts longs, sur la table qui nous séparait. C'était une main très douce et très propre ; je ne pouvais me résoudre à y poser ma grosse patte tachée de peinture.

— Bon, tant pis pour toi ! s'écria-t-elle avec colère en me donnant une tape.

Mais elle n'était pas vraiment en colère.

— Je n'ai pas besoin de voir ta main, je peux te dire ton avenir de toute façon.

Un autre jour, elle me prit par la douceur :
— Laisse-moi voir ta main, Juan. S'il te plaît.
Je la lui tendis, sur la table, la paume tournée vers elle.
Elle l'étudia longtemps, les sourcils froncés, la peau douce de son front ridée sous la concentration.
— Tu conféreras à quelqu'un un titre, après sa mort, me dit-elle enfin d'une voix étonnée. Et toi aussi, on te couvrira d'honneurs après que tu auras été porté en terre.
— Ouch, frissonnai-je. Je n'aime pas tes prophéties.
Elle me contempla d'un air intrigué.
— C'est vraiment curieux, murmura-t-elle. Ton avenir est doux et brumeux, mais après ta mort il devient brillant comme l'or.
Alors Lolis me conta qu'elle voyait souvent l'avenir comme une toile peinte qui se déroulait soudain devant ses yeux et sur laquelle elle pouvait lire tout ce qui devait arriver.
Un jour, elle vint me chercher à l'atelier, où j'étais seul, occupé à tendre des toiles, tandis que le Maître attendait le Roi dans ses appartements.
— C'est arrivé de nouveau, me dit-elle, excitée et ravie.
— Quoi donc?
— Le rideau est tombé devant mes yeux, et j'ai vu.
— De bonnes nouvelles? Tu as l'air contente.
Elle rit, posant sur moi ses yeux sombres, et je vis de la malice, de l'amusement… et autre chose encore… dans son regard.
— Oui. De bonnes nouvelles, dit-elle.
Les jours suivants, elle fut plus gaie, moins colérique. D'ailleurs, à mesure que Maîtresse s'affaiblissait, Lolis

semblait devenir plus affectueuse avec elle. Elle commençait vraiment à l'aimer, à mon avis.

Quant à moi, l'amour avait fleuri dans mon cœur. Lolis n'était pas douce et tendre comme ma mère, ni ravissante et délicate à pleurer comme Miri. C'était une personne adulte et indépendante, avec son propre caractère et des formes d'expression très variées. Jamais je ne m'ennuyais avec elle, et j'avais besoin d'entendre son pas léger et son merveilleux rire profond, je désirais ardemment qu'elle m'effleure au passage, me touche le bras ou me donne une de ses petites tapes tout en vaquant à son travail.

En Italie, quand j'avais guéri sa main, le Maître m'avait dit, il m'avait même solennellement promis de me donner ce que je lui demanderais.

Je savais que ce n'était pas moi mais Dieu qui l'avait guéri. Mais malgré tout, il y avait maintenant quelque chose que je voulais lui demander. Je voulais lui demander de me donner Lolis pour femme.

Mais il me fallut d'abord tenir ma promesse à Notre Dame, et j'avais imaginé un moyen pour cela.

13

OÙ JE SUIS AFFRANCHI

Le Roi avait, comme je l'ai dit, pris l'habitude de venir souvent sans prévenir passer un petit moment à l'atelier.

— Vous ne devez me regarder comme votre souverain que quand je parle, avait-il dit au Maître. Je désire pouvoir entrer et sortir inaperçu, en silence, sans aucune formalité d'étiquette, m'asseoir pour jouir de la peinture de mon choix et me sentir en paix.

Il m'avait donné l'ordre de ne pas le « voir » tant qu'il ne parlait pas, sauf s'il ne venait pas seul.

— Je désire être, pour quelques instants, complètement invisible, nous avait-il dit avec un sourire.

C'est pourquoi des biscuits et du vin étaient toujours servis pour lui à l'atelier, à côté de l'un de ses bons fauteuils. Il surgissait le plus souvent vers la fin de l'après-midi, avant d'aller s'habiller pour quelque spectacle de la cour.

Bien des années auparavant, j'avais entendu les courtisans de la suite de Rubens dire que la cour d'Espagne était la plus gourmée et la plus ennuyeuse d'Europe. Je suis sûr que le Roi était du même avis, mais il ne savait comment y remédier.

Alors, il s'échappait et venait simplement à l'atelier siroter son vin en admirant une des peintures du Maître, après l'avoir choisie parmi toutes celles qui l'attendaient, retournée et disposée sous le meilleur jour, en face de son fauteuil.

J'avais peint en secret une grande toile ; j'avais beaucoup de temps pour moi à présent, car le Maître passait de longues heures au chevet de Maîtresse, qui devait maintenant souvent garder la chambre et l'appelait pour lui tenir compagnie. Elle se sentait seule et avait besoin de le savoir proche.

J'avais pris pour thème les chiens de chasse favoris du Roi. Ils étaient tous morts, et n'avaient d'ailleurs pas été contemporains, mais il les avait aimés, et je savais qu'il les reconnaîtrait.

Les trois chiens (Corso était l'un d'eux) étaient couchés dans une clairière ; un faisceau de lumière dorée tombait sur eux à travers les branches des arbres. L'un des chiens, tourné vers moi, avait la langue pendante et les babines noires retroussées en un sourire ; le deuxième regardait au loin, les oreilles dressées ; et le troisième somnolait, la tête posée sur les pattes. J'avais soigné la ressemblance, en étudiant à fond les nombreuses peintures du Maître où les animaux apparaissaient, et j'avais mis dans la composition toute la science dont j'étais capable.

Après avoir reçu la communion, je me recommandai à Notre Dame, puis je pris ma toile et allai la ranger entre les tableaux du Maître qui attendaient, face contre le mur, le bon plaisir du Roi. Alors, tremblant et terrifié d'avance, je n'eus plus qu'à attendre l'heure où il me faudrait avouer.

Plusieurs jours passèrent. Sa Majesté était indisposée et ne quittait pas ses appartements.

Le Maître avait commencé à peindre un autre tableau pour lequel il voulait tenter un nouveau jeu de reflets, et s'affairait à disposer et à déplacer ses miroirs, contrôlant à chaque instant les lumières, les distances et les effets obtenus ; il ne faisait pas attention à moi et ne remarqua pas ma nervosité.

Enfin, mon heure sonna.

C'était la fin de l'après-midi. Le Maître ne peignait pas, mais, assis à sa table, faisait des comptes et écrivait en Flandres pour commander des pigments spéciaux. La porte de l'atelier s'ouvrit doucement et le Roi entra, avec un de ces coups d'œil vagues et timides qui survolaient choses et gens sans s'arrêter sur rien de crainte de déranger. Il était paré pour quelque cérémonie officielle : souliers de velours noirs, bas de soie noire et culottes noires également, mais à la place du pourpoint il ne portait qu'une fine chemise de coton blanc, et une robe de chambre en soie brochée de couleur sombre. Je suppose qu'après s'être délassé en regardant un tableau il devrait retourner à ses appartements mettre son pourpoint, appeler le barbier qui le raserait et lui friserait cheveux et moustache, et attacher enfin autour de son cou, au dernier moment, sa grande fraise blanche empesée.

Il tira son fauteuil, s'assit et poussa un grand soupir en étirant ses longues jambes. Il salua mon maître d'un sourire amical, et celui-ci, sans s'interrompre, répondit de même, avec chaleur et affection.

Quelques instants après, le Roi se leva et se dirigea vers le mur. Il hésita un moment, puis saisit une des grandes toiles qu'il retourna. C'était la mienne. Dans la lumière du soir, les chiens fidèles ressortaient sur le fond sombre, leurs flancs luisant aux rayons du soleil, leurs grands yeux de velours brun resplendissants de dévouement. Le Roi s'immobilisa, stupéfait ; il n'avait encore jamais vu ce tableau.

Son visage reflétait le travail de son esprit toujours lent pour admettre le fait qu'il s'agissait d'un portrait de ses chiens favoris.

Je me jetai à genoux devant lui.

– J'implore votre pardon, Sire, plaidai-je. Ce tableau est de moi. J'ai étudié en secret pendant toutes ces années, avec des morceaux de toiles et des restes de couleurs, j'ai copié les œuvres de mon maître et tenté d'en apprendre le plus possible, et j'ai même osé m'essayer à peindre mes propres compositions. Je sais très bien que la loi l'interdit. Mon maître n'en a jamais rien soupçonné, et il n'a jamais rien eu à voir avec ma tromperie. Je suis prêt à endurer le châtiment que vous me fixerez, quel qu'il soit.

Je restais à genoux, et priais la Sainte Vierge, la suppliant de se rappeler ma promesse et de m'accorder son aide et son pardon. Quand j'ouvris les yeux, je vis les pieds de Sa majesté qui arpentaient le sol nerveusement. Il était évident qu'il ne savait que répondre. Il se racla la gorge et respira à fond. Les pieds, dans les souliers de velours, s'immobilisèrent.

– Que... Qu'allons-nous... faire de ce... de cet esclave... désobéissant ? l'entendis-je enfin prononcer, de sa voix incertaine, en se tournant vers le Maître.

Toujours à genoux, je vis les petits pieds du Maître, dans leurs chaussures de cuir de Cordoue, s'approcher et s'arrêter devant mon tableau. Il l'examina quelque temps en silence, tandis que le Roi attendait.

Enfin le Maître parla.

– Pourrais-je, avec l'autorisation de Votre Majesté, écrire une lettre urgente avant de répondre ?

– Vous pouvez.

Il retourna alors à sa table et j'entendis le crissement de la plume sur le papier. Sa Majesté retourna se jeter dans son fauteuil. Je restai où j'étais et priai de toute ma force.

Le Maître se leva, et ses pieds s'avancèrent jusqu'à moi.

– Lève-toi, Juan, me dit-il.

Il passa une main sous mon coude et m'aida à me remettre sur mes pieds. Il me regardait avec la gentillesse et l'affection qu'il m'avait toujours montrées.

Il prit ma main et y mit une lettre. J'ai porté sur moi ce papier cousu dans une enveloppe de soie et épinglé à l'intérieur de ma chemise, chaque jour depuis ce jour-là. Elle disait :

À QUI DE DROIT

Je donne en ce jour sa liberté à mon esclave Juan de Pareja, qui aura désormais tous les droits et tous les honneurs dus à un homme libre, et d'autre part, je le nomme par la présente mon Assistant, avec les devoirs et le salaire qui correspondent à cette charge.

DIEGO RODRIGUEZ DA SILVA Y VELÁZQUEZ

Quand j'eus fini de la lire, le Maître me reprit la lettre doucement et la porta au Roi, dont le visage s'illumina en la lisant. C'était la première fois, depuis toutes ces années, que je voyais sourire Sa Majesté. Il avait des dents petites et mal rangées, mais ce sourire me parut le plus beau que j'aie jamais vu.

Quand ils me rendirent la lettre, je restai muet, et des larmes de joie ruisselaient sur mon visage.

– Vous me posiez une question, Sire, à propos d'un esclave ? demanda le Maître doucement. Je n'ai pas d'esclave.

Je saisis sa main pour la porter à mes lèvres.

– Non, non, non ! s'écria le Maître en la retirant vivement. Tu ne me dois aucun remerciement, mon ami. Au contraire. J'ai honte d'avoir été assez égoïste pour ne pas même penser à te donner cette liberté que tu as si bien gagnée, et à laquelle je sais que tu feras honneur par tes grandes vertus. Tu seras mon assistant si tu le veux, et tu es mon ami comme toujours.

– Je suis content, dit Sa Majesté en se levant. Et, avant de sortir, il se retourna encore une fois et répéta :

– Je suis content.

Le Maître et moi, côte à côte, inclinés dans une profonde révérence, le vîmes s'éloigner au bout du couloir, sa robe de chambre flottant derrière lui.

– Rangeons nos affaires et rentrons à la maison, Juan (à partir de ce jour il ne m'appela plus jamais Juanico). Ma femme se tourmente si je ne reste pas plus souvent à son chevet. Et je suis fatigué.

– En tant qu'assistant, Maître…

– Ne m'appelle plus Maître. Appelle-moi Diego.

– Je ne pourrais pas. Vous êtes toujours le Maître. Mon maître, comme vous étiez aussi le Maître pour les apprentis, et pour les autres peintres. Maître veut aussi dire professeur, n'est-ce pas ?

— Oui.

— Je n'ai jamais eu honte de vous appeler Maître, et pas davantage à présent. Je vous traiterai toujours avec le respect que ce titre implique.

— Comme tu voudras.

En rentrant chez nous, à travers les rues de Madrid, je sentais à chaque pas un printemps nouveau éclore dans mes genoux, une joie nouvelle dans mon cœur. Je marchais en homme libre, aux côtés de mon professeur.

— Mais, Maître, lui dis-je tandis que nous traversions la Plaza Mayor, vous avez dit que vous n'aviez pas d'esclave ; c'est une erreur. Il y a Lolis.

— Lolis appartient à ma femme, dit-il.

Je décidai alors de faire que cette journée soit à jamais radieuse dans ma mémoire.

— En Italie, Maître, vous m'avez dit de demander à cette main (et je soulevai légèrement sa main droite dans la mienne) ce que je voudrais, et que vous me l'accorderiez. Aujourd'hui, je sais quoi demander.

Les derniers rayons du soleil illuminaient la place. Il s'arrêta et sourit.

— Tu veux Lolis.

— Je voudrais l'épouser. Si elle veut bien de moi.

— Je vais en parler à ma femme. Je ne vois pas ce qui peut vous empêcher de vous marier, si vous le désirez tous les deux.

Nous continuâmes notre route en silence.

À l'intérieur de la maison, cette maison où j'avais vécu tant d'années le cœur et l'esprit en paix, même sans être libre, tout me paraissait différent désormais. Les couloirs, que je connaissais si bien, les lourds meubles de bois sculpté, le grand crucifix avec le scintillement de la veilleuse toujours allumée dans une petite boule de verre aux pieds du Christ, le velours rouge sombre des rideaux, tirés pour arrêter, avec les derniers rayons du soleil, les ombres et les maux de la nuit – tout m'était cher et familier, mais aussi, je ne sais comment, tout était neuf à mes yeux.

Nous n'étions pas plutôt entrés que Lolis accourut, un doigt sur les lèvres.

– Maîtresse a été très souffrante aujourd'hui, dit-elle à voix basse, et je viens à peine de parvenir à l'endormir.

– J'attendrai pour monter la voir, dans ce cas, répondit le Maître. Apporte-nous du vin, Lolis, s'il te plaît, et quelques noix.

Nous allâmes dans la salle à manger. Paquita venait très souvent en visite, avec sa fille, mais ce jour-là la maison était vide et silencieuse. Nous bûmes notre vin en mangeant les noix. Je voyais que le Maître était préoccupé, et je savais pourquoi. Maîtresse était de plus en plus souvent malade, et elle était parfois si faible qu'elle ne pouvait que rester allongée et pleurer doucement.

Quand j'entrai un peu plus tard dans la cuisine, Lolis vint poser la tête sur mon épaule. Elle ne pleurait pas – j'ai toujours eu les larmes faciles, mais je n'en ai jamais vu une seule briller au bout de ses cils –, elle ne pleurait pas, mais elle soupira lourdement.

– Ma pauvre maîtresse, gémit-elle. J'ai fini par la prendre en affection, Juan. Et bientôt, il ne nous restera plus qu'à lui donner de l'opium pour freiner les terribles paroxysmes des accès de toux. Le Roi pourrait en procurer au Maître. De tristes journées nous attendent, Juan, jusqu'à ce que Dieu la rappelle à Lui.

En réalité, comme cela arrive souvent, Maîtresse reprit soudain des forces, et quelques jours après elle parut aller beaucoup mieux. Elle put se lever, s'habiller et même manger un peu des petits plats que Lolis lui avait préparés. Le deuxième soir, elle descendit pour le dîner, et souriait avec bonheur, à table, aux côtés du Maître. Elle mangea bien et ne toussa pas une seule fois.

Le Maître leva soudain les yeux vers moi et je pus y lire son intention.

Il se tourna vers elle :

– *Mi vida*, j'ai donné sa liberté à notre bon ami Juan, et il est désormais mon très digne assistant. Il me déchargera de bien des tâches, et je vais pouvoir travailler moins et rester davantage près de toi. Je sais que tu as été bien seule depuis que notre fille s'est mariée et a quitté la maison.

– Oh oui ! s'écria Maîtresse, le visage soudain rayonnant. C'est pour cela que j'étais souffrante. Je me sentais seule.

– Juan désire se marier, reprit le Maître. C'est à toi qu'il a donné son cœur, Lolis. Que réponds-tu ?

Maîtresse claqua des mains.

– Lolis ! Qu'est-ce que tu en penses ?

Je me souviens que Lolis portait ce soir-là une robe claire d'un vert amande, et qu'elle avait noué ses cheveux en arrière avec un foulard rose.

– Je peux répondre ce que je veux ? demanda Lolis.

– Bien sûr.

– *Ma réponse est* non.

Je sentis qu'on me perçait le cœur avec un couteau. Lolis lut la douleur sur mon visage.

— Ce n'est pas que je ne l'aime pas, dit-elle de sa voix profonde. C'est un homme bon et aimable. Mais je ne veux pas mettre au monde des enfants pour qu'ils soient esclaves.

La voix tranquille du Maître se fit entendre.

— Tu as raison, Lolis. Juan est maintenant un homme libre. Et je suis sûr que ma femme sera heureuse de te donner ta liberté comme cadeau de mariage. N'est-ce pas, mon amour ?

Maîtresse n'hésita pas une seconde, car elle s'était toujours empressée de son mieux pour lui complaire, et plus encore, me semblait-il, à présent qu'elle était malade.

— Absolument. Si tu veux bien me donner du papier, une plume et un encrier, je vais écrire la lettre d'affranchissement à l'instant même.

Maîtresse écrivit la lettre et la mit dans la main de Lolis.

— Ma chère Lolis, tu es maintenant aussi libre que tu l'as toujours été, je crois, dans ton esprit. Mais j'ai une faveur à te demander. Je t'en prie, reste mon infirmière. Ne me quitte pas... pas tout de suite.

Lolis rangea la lettre dans son corsage et regarda Maîtresse avec tendresse.

— Je suis heureuse d'être libre, dit-elle. Plus que vous ne pouvez l'imaginer. Jamais je n'avais osé rêver que cela arriverait si vite, même si j'avais vu dans l'avenir qu'il en serait ainsi un jour. De même que j'avais vu que j'épouserais Juan. Oui, je veux bien rester avec vous, Maîtresse, aussi longtemps que vous le souhaiterez. Et je vous remercie.

Elle empila en silence quelques assiettes et quitta doucement la pièce.

D'un regard, le Maître me donna congé et je la suivis dans la cuisine. Elle était à genoux dans un coin et priait.

— Je remerciais Dieu, me dit-elle en se relevant. J'ai prié pour cela tous les jours de ma vie.

— Veux-tu m'épouser, Lolis ?

— Oui. Mais tu aurais pu trouver une meilleure femme, Juan. Je suis fière et hautaine et j'ai parfois la langue trop vive.

— C'est toi que je veux, telle que tu es.

Alors elle vint se blottir dans mes bras et se laissa docilement caresser les cheveux et le visage.

— Je souffrais d'être esclave, dit-elle lentement, je ne pouvais ressentir de vraie gratitude pour rien, au plus profond de moi-même je me révoltais contre ma servitude. Je sais que Dieu a fait tous les hommes libres, et que nul n'a le droit de posséder un être humain. Je détestais servir, parce que j'étais une esclave et devais obéir en tout. Ce n'est qu'ici, dans cette maison, que j'ai trouvé un peu de paix, parce que vous êtes tous bons et que Maîtresse est douce et affectueuse. Je ferai de mon mieux pour rendre ses derniers jours moins pénibles. Mais je ne suis pas comme toi, Juan, qui es toujours aimant et reconnaissant. Je *haïssais* la servitude ! Certains jours, j'avais déjà le plus grand mal à retenir seulement les mots qui me brûlaient la bouche et à étouffer la rancune dans ma voix.

— Cela ne fait rien. C'est le passé, à présent. Et si nous avons des enfants, ils naîtront libres.

— Oui. Mais beaucoup de nos frères de race ne le sont pas, Juan. Mon cœur saigne pour eux.

— Un jour, affirmai-je, un jour, je sais que tous les hommes seront libres.

— Il faudra beaucoup de temps, et beaucoup de sang versé avant que ce jour-là n'arrive, dit Lolis sombrement.

14

OÙ JE FAIS DE TRISTES ADIEUX

On nous maria, Lolis et moi, dans la petite église où je m'étais confessé grâce aux conseils de Murillo et où depuis j'entendais la messe et recevais l'hostie régulièrement. Paquita, qui attendait un deuxième enfant, nous accompagnait avec son mari, et mon cher maître était à mes côtés. Maîtresse venait de passer plusieurs journées de grand malaise et était encore très affaiblie, mais elle nous donna sa bénédiction avant notre départ pour l'église.

Mon cœur se gonflait de bonheur en serrant la main de ma chère Lolis et en écoutant les mots qui nous faisaient mari et femme, de ce jour-là et pour toujours. Je devais bientôt remercier Dieu avec plus de ferveur encore de m'avoir donné ma tendre compagne avant que le chagrin ne fonde sur nous ; car sans elle, je ne crois pas que j'aurais pu le supporter. Ce fut pour nous une terrible année.

Maîtresse avait donné à Lolis, pour sa robe de mariée, une pièce de soie bleue. Le Maître nous donna des fauteuils et des couvertures, et deux pièces de sa maison pour en faire notre appartement, et le Roi lui-même nous envoya un présent : un sac de velours avec trente ducats.

Alors le ciel déversa sur nous de très lourdes épreuves. Paquita ne survécut pas à la naissance de son deuxième enfant, et tout l'art du docteur Mendez ne put la sauver, ni le bébé mort-né. On les enterra ensemble, le petit innocent et notre tendre Paquita, si bonne et si gaie. Au début, nous n'osions pas l'avouer à Maîtresse, et nos craintes étaient fondées : quand il fallut enfin le lui apprendre, elle se mit à décliner sans remède.

Le docteur Mendez réussit, sur la fin, à lui procurer de l'opium, et elle put du moins passer endormie les jours et les nuits, torturée par la toux mais protégée de la souffrance dans ses rêves drogués.

Nous n'avions pas depuis deux mois mis Paquita et son enfant en terre que nous conduisîmes Maîtresse reposer à leurs côtés.

Le Maître ne versa pas une larme. Il devint muet, plongé dans un silence glacé. Il ne parlait plus, ne répondait pas aux questions, et passait des jours entiers sans rien manger que quelque fruit. Pâle et maigre à faire peur, il ne prêtait aucune attention à ce qui se passait autour de lui. Si je n'avais pas été auprès de lui, je crois qu'il aurait oublié de se laver et de changer de linge. Il n'était plus lui-même. Son esprit était parti au loin, dans un pays où je ne pouvais le suivre.

C'est pendant ces jours d'épreuve que le Roi prouva combien il était pour le Maître un véritable ami. Il venait tous les jours, sans jamais y manquer, s'asseoir en silence dans la pièce où était le Maître, le consolant de sa grande présence muette.

Quand l'hiver finit et que le printemps revint, le Maître recommença à dessiner, pour la raison, je crois, qu'il avait toujours vécu avec un fusain ou un pinceau à la main tant d'années qu'il les reprenait automatiquement même quand son cœur était brisé. Il travailla alors sans repos, mais il déchira ou détruisit presque tout ce qu'il fit. Il me fut possible parfois de sauver quelques dessins et quelques toiles : ce sont, aujourd'hui, mes plus chers trésors.

Un jour, enfin, le Roi entra dans l'atelier, précédé de deux pages. Il était vêtu de bleu, et fit lire une proclamation que nous écoutâmes tous debout et attentifs.

Le crieur de la cour annonça que la sœur du Roi, l'infante Marie-Thérèse, allait épouser le roi Louis XIV de France. Le fiancé ne serait pas présent, et serait marié par procuration. Le mariage, cependant, n'en devait pas moins être le plus brillant possible, et Don Diego Rodríguez da Silva y Velázquez, peintre de la cour, était chargé de dessiner et de décorer le pavillon où la cérémonie devrait avoir lieu.

Dès que le Roi, les pages et les crieurs furent sortis, le Maître s'assit et commença à esquisser des croquis. Je savais comme lui que c'était une tâche qui exigerait qu'il déploie toutes ses qualités. Il devrait consulter avec les architectes, les artisans, les fournisseurs, les tailleurs et les couturières. Un mariage royal était toujours une affaire considérable, mais celui-ci était extraordinairement important, car Louis XIV était le souverain le plus puissant d'Europe, et même s'il ne devait pas être présent en personne et se ferait représenter, il y aurait beaucoup de seigneurs de la cour de France pour lui faire rapport de ce qu'ils auraient vu. Je comprenais que ce défi pouvait avoir un effet énorme et bénéfique sur la santé du Maître ; il avait toujours pris son devoir à cœur, et tenait à ce que le Roi puisse être fier de lui. L'affaire prit possession de son esprit et le tira de la tristesse qui le faisait dépérir. Avant un mois, il était redevenu lui-même.

Nous allâmes ensemble inspecter le lieu que le Roi avait choisi pour installer le pavillon. C'était une île superbe au milieu de la Bidassoa, mais les berges étaient basses et marécageuses. La nuit, une brume malsaine recouvrait ses vertes prairies, et au lever du jour des nuées de moustiques s'élevaient et assombrissaient l'aube. Plus tard, la chaleur du soleil les dispersait.

Sans aucun doute, un pavillon élevé dans cette île serait d'une beauté enchanteresse, et ne pouvait causer aucun mal puisqu'il ne servirait qu'un seul jour. Mais nous, il nous fallait y travailler jour après jour, pour calculer, vérifier, décider, faire des plans, et c'était un endroit malsain.

Malgré mes craintes, cependant, le Maître n'en fut pas affecté, et moi non plus, bien que beaucoup des ouvriers qui commencèrent la construction fussent pris de fièvres et que plusieurs même en mourussent. Personne n'attacha trop d'importance à cela, car les fièvres avaient toujours fait des victimes pendant l'été.

Chaque fois que je le pouvais, je prenais sur moi les tâches fatigantes de surveillance et d'inspection, pour laisser le Maître dessiner et parfaire ses projets à l'atelier. Vers la fin des travaux, pourtant, il dut aller souvent au pavillon, pour s'assurer que toutes ses instructions étaient exactement suivies. Enfin tout fut prêt : et le décor qu'il avait conçu riche et imposant, dans la plus digne tradition espagnole, illustrait parfaitement toute la splendeur et tout le pouvoir de la maison royale d'Espagne.

Le Maître avait dessiné une vaste salle rectangulaire, recouverte de dalles de pierre avec un parquet de bois foncé très finement assemblé, sur lequel on avait étalé les tapis les plus splendides, dans des tons de feuille du plus sombre au plus pâle. Des arches tendaient leurs bras élancés au-dessus du pavillon entier, mais aucun toit ne les couvrait. Nous étions certains qu'il ne pleuvrait pas. Le Maître avait fait disposer un fin treillage entre les arches, et fait grimper sur elles et dans les intervalles des plantes délicates dont les petites fleurs blanches parfumaient l'air. Si, debout sous les arches, on levait les yeux pour regarder le ciel à travers les feuilles et les fleurs, on était envahi d'une sensation de fraîcheur et de pureté incomparable.

L'autel était blanc et or, excepté le grand crucifix. Le Maître avait peint lui-même les tableaux qui l'ornaient. Il y avait deux anges immenses, vêtus de blanc, des peintures de saint Joseph et de saint Jacques, et au-dessus de l'autel un merveilleux tableau qui représentait Notre Dame. Tous ces tableaux différaient nettement de la manière habituelle du Maître, car les fonds, au lieu d'être plongés dans l'ombre profonde qu'il affectionnait, étaient délicatement illuminés d'une lumière argentée.

Tout au long de la route du cortège nuptial, il avait placé des tableaux de grands vases blancs pleins de fleurs, qui alternaient avec des fleurs et des vases réels, derrière chacun desquels il avait disposé un miroir. Cela donnait l'impression d'être plongé dans un immense berceau fleuri, mais les tableaux et les miroirs évitaient que l'air ne soit saturé de parfums. Il ne voulait pas que l'Infante, ou l'une de ses dames, soit incommodée par l'odeur entêtante et s'évanouisse à ce moment solennel.

Les courtisans devaient tous porter diverses nuances de vert, de même que tous les assistants, sauf la Princesse et le Roi. La Princesse était en blanc, et de ses cheveux d'or, noués par une couronne de fleurs blanches, tombait un long voile de gaze blanche. Sa Majesté portait un costume d'argent, brodé et incrusté de vert pâle.

Ce mariage fut vraiment la plus belle cérémonie que j'aie jamais vue, et je suis sûr que, de tous les grands personnages qui y assistèrent, aucun n'avait jamais rien rêvé de si beau, d'un goût si parfait, d'une si exquise évocation de l'espoir, de la pureté, de la fraîcheur d'une jeune mariée.

Nous rentrâmes, le Maître et moi, à Madrid, où il était évidemment invité à tous les bals, fêtes et banquets qui devaient suivre la célébration du mariage. Mais quand le Roi annonça une grande chasse et un festin solennel avant le départ de la mariée pour la France, le Maître s'excusa, prétextant des maux de tête.

Je ne m'inquiétai pas d'abord, car je savais qu'il n'aimait pas la chasse et ne montait à cheval que s'il y était obligé, et du reste, il avait déjà souffert de mauvaises migraines, et je savais comment le soigner. Il rentra à notre maison de la ville, s'allongea ; je fis l'obscurité dans la pièce et posai des linges frais sur son front. Il faisait chaud et étouffant. Il arracha les boutons de sa légère chemise de batiste, et en soulevant les rideaux légèrement, je vis qu'il haletait et que ce n'était pas une de ses migraines qui le laissaient froid et pâle, mais bien une fièvre. Ses joues étaient rouge foncé et ses yeux brillaient comme la porcelaine. Son front brûlait sous ma main.

Lolis m'aida à le veiller. Nous fîmes tout ce que nous pouvions, et à mes connaissances de la maladie Lolis ajouta les siennes. Nous fîmes venir aussi, bien sûr, le docteur Mendez, qui nous dit de garder le Maître au chaud sous des couvertures, pour qu'il transpire le plus possible. Lolis et moi le suppliions de prendre les bouillons chauds qu'elle préparait et des tisanes fortement sucrées au miel. Il se laissait faire, mais la fièvre persistait, et malgré tous nos efforts elle revenait chaque nuit au coucher du soleil le tourmenter et le consumer. Elle cédait généralement le matin, avec des sueurs froides ; je pouvais alors l'éponger, refaire son lit avec des draps frais, et il somnolait quelques heures. Et puis, dans l'après-midi, le Maître se réveillait et attendait, faible et anxieux, que la fièvre le reprenne, et elle flambait à nouveau. Je me rappelais que c'était ainsi, muet et impuissant, qu'il avait affronté les tourments du mal de mer pendant nos traversées.

Malgré tous nos efforts, nos soins et nos prières, et malgré toutes les potions du docteur Mendez, la fièvre dura vingt et un jours, et le Maître, à la fin, n'était plus qu'un squelette. Ç'avait toujours été un homme mince, et il avait un appétit léger et délicat. Il n'avait pas de réserve de forces. Le Roi venait chaque jour, et, si l'émotion l'empêchait de parler, il restait longtemps à regarder le Maître de ses pâles yeux tristes.

Puis un jour vint où le Maître attendit la fièvre, et elle tarda et ne vint pas. La nuit arriva, puis le matin. Le Maître dormit d'un sommeil profond, frais et tranquille. Lolis et moi, riant et pleurant à la fois, nous tombâmes dans les bras l'un de l'autre. La fièvre était finie. Le Maître guérirait.

La convalescence fut lente, bien sûr. Petit à petit, il fallut le pousser à manger, un peu plus chaque jour, pour reprendre des forces. Puis nous le laissâmes s'asseoir, soutenu par des coussins. Enfin, le docteur dit qu'il pouvait se lever et faire quelques pas autour de sa chambre.

C'était un jeudi. Le jour se levait, clair et beau, et posait des taches de soleil sur le bois ciré du parquet. Je tendis au Maître un miroir pour qu'il se rase, assis sur le lit. Il se glissa dans une longue robe arabe qui lui tombait jusqu'aux talons, enfila de souples pantoufles de peau, fit pivoter ses jambes et posa les pieds par terre pour la première fois depuis des semaines.

– Je crois que je vais devoir m'appuyer sur toi, Juan, si tu veux bien. Je suis encore faible.

Il se leva et s'appuya de tout son poids (si léger, à présent, même s'il n'avait jamais été bien lourd) sur mon épaule. Nous traversâmes la galerie doucement, jusqu'à l'atelier. En entrant, le Maître soupira de joie de revoir ses chevalets et ses peintures. C'était la vie qui recommençait. Il s'assit et se reposa un moment. Puis il se releva, et nous allâmes à petits pas vers son chevalet préféré, où une toile l'attendait, tendue sur son cadre.

À mi-chemin, il se dégagea doucement et continua seul. Mais il n'atteignit pas le chevalet. Il y était presque quand il trébucha, tendit la main pour s'agripper à quelque chose, et tomba face contre terre. Je fus sur lui d'un bond, en me maudissant pour l'avoir laissé essayer de marcher seul. Je le soulevai et vis qu'il n'y avait rien à faire. Il était parti. Les chagrins et la maladie avaient affaibli son cœur, et au premier effort il avait cessé de battre.

Je restai longtemps assis par terre, berçant son corps entre mes bras, à me rappeler toutes ces années à ses côtés. Moi qui avais toujours eu les larmes faciles, je ne pouvais en verser une seule. Je sentais les ailes sombres de l'ange de la mort envelopper mon maître, mon professeur, et il me semblait qu'elles auraient dû m'envelopper aussi avec lui.

C'est Lolis qui s'occupa de tout tandis que je restais prostré, désespéré et paralysé. Elle appela le docteur Mendez, qui vint faire la déclaration légale. Elle fit prévenir le Roi, qui vint aussitôt veiller le cercueil du Maître jusqu'au matin. J'étais sec et muet comme une pierre, mais le Roi pleura toute la nuit.

On fit au Maître des funérailles discrètes, et il alla reposer aux côtés de Maîtresse et tout près de Paquita, qui nous avaient quittés depuis si peu de temps. Il n'avait pas laissé de testament, mais le Roi connaissait ses désirs, et les fit exécuter. Je fus submergé de cadeaux — tous ses vêtements, son chevalet et une forte somme d'argent. Tous ses meubles et son ménage revinrent au mari de Paquita, et la maison, où nous avions tous vécu de si longues et si heureuses années, fut léguée à la fille aînée de Paquita, cette petite-fille bien-aimée que le Maître avait peinte si souvent.

Quand je pus enfin me reprendre et affronter le fait qu'il me restait encore des années devant moi, des années pendant lesquelles je devais travailler, prendre soin de ma femme et faire face à ce que Dieu attendait encore de moi, nous parlâmes, Lolis et moi, de notre avenir.

— Je crois, lui dis-je, que j'aimerais retourner à Séville. Madrid est devenue trop triste pour moi.

— Moi aussi, j'aimerais vivre dans le Sud, plus près de l'Afrique, dit-elle, et nous commençâmes donc à préparer nos malles et à faire nos adieux.

Je demandai audience au Roi pour prendre congé de lui.

Il était vêtu de noir et me reçut comme un homme qui pleure un de ses proches. Il avait pris, dans les effets du Maître, sa palette et ses pinceaux, qu'il voulait, avait-il dit, garder près de lui. Je fus saisi de voir qu'il les avait posés près du fauteuil d'où il me recevait.

— Juan de Pareja, me dit-il, j'ai entendu un jour Don Diego, ton défunt maître, dire qu'il avait trop tardé à te donner ta liberté. Cela lui faisait honte, et il se reprochait amèrement de ne pas avoir compris plus tôt que tu désirais et méritais ta liberté depuis bien longtemps déjà.

— Je la désirais ardemment, c'est vrai, mais pas pour le quitter. Seulement parce que je voulais peindre. Jamais je ne lui ai reproché d'avoir été oublieux.

— Je le sais. Et je sais aussi ce qu'il ressentait. Car j'ai été, moi aussi, oublieux et négligent. Bien souvent l'idée m'a traversé l'esprit de nommer Don Diego chevalier de Saint-Jacques, mais je n'ai jamais fait le nécessaire. J'ai laissé passer trop de temps et je ne me le pardonne pas. Mais je veux le nommer maintenant à cette haute distinction, et, avec ton aide, je veux peindre sur sa poitrine la croix rouge de l'ordre de Saint-Jacques.

— Mais, Sire, comment ?...

— Don Diego, à ma connaissance, n'a laissé qu'un seul autoportrait. Il se trouve dans ce merveilleux tableau où il a peint, à l'aide de miroirs, le portrait de ma reine, de mes enfants et le mien. Nous irons donc voir ce tableau, *Les Ménines*. Prends la palette et les pinceaux.

Nous restâmes longtemps à contempler le tableau. Le Maître était à son chevalet, la palette et le pinceau à la main, mais ses yeux tournés vers nous nous regardaient, pensifs et bons.

— Si tu veux bien m'aider. dit le Roi.

Je trempai le pinceau dans le rouge vermillon et je lui mis dans la main. Alors, ma main brune guidant la blanche main royale, nous traçâmes la croix de Saint-Jacques sur la poitrine du Maître.

C'était fait. J'étais heureux d'avoir pu lui rendre ce dernier petit service.

Je ne me rappelle pas grand-chose de ces derniers jours à Madrid, si ce n'est que Lolis et moi fîmes nos adieux à nos amis, à la petite-fille du Maître (qui me faisait tant penser à Paquita au même âge), et à Juan Bautista. Pour la dernière fois, nous traversâmes la rue Jeronimas et la Plaza Mayor. Je jetai un dernier regard sur cette ville, cette maison, qui avaient été les miennes.

— La maison, pour moi, c'était là où il était, murmurai-je.

Lolis me prit par la main.

— Ce sera là où je suis, à présent, mon homme.

15

OÙ JE TROUVE UN NOUVEAU FOYER

Séville nous accueillit à bras ouverts. La Giralda se dressait, dorée contre le ciel clair, les ruelles étroites grouillaient de vie, les cris remplissaient toutes les places, mêlant l'espagnol doucement confus de Séville et beaucoup d'arabe, et le Guadalquivir courait rapidement entre ses hautes berges et reflétait les orangers et les oliviers, les maisons blanches et les silhouettes sombres, fières, sèches et gracieuses des gens du Sud. Dans la cathédrale, les saints que j'avais tant aimés dans mon enfance baissaient toujours sur moi des regards aussi tendres, et je m'agenouillai pour prier dans l'odeur d'encens de mes premières années.

Nous étions allés, Lolis et moi, prendre logis dans une auberge du port que j'avais connue du temps où Don Basilio travaillait là, aux magasins, et où je courais faire les commissions de Doña Emilia. J'explorai tout, gémissant sur chaque changement et me réjouissant d'en trouver si peu. C'était bon de refermer le cercle complet de sa vie et, vers la fin, de revenir aux lieux du commencement.

J'avais un peu d'argent. J'avais un métier. Je savais que je pouvais travailler et gagner ma vie dignement, en homme libre. Mais avant de me mettre à la recherche d'une maison où nous installer, j'allai frapper à la porte de Bartolomé Esteban Murillo.

Il vint lui-même m'ouvrir. Il n'avait pas changé – rond, brun et souriant, comme toujours, plein de bonne humeur et de bonté.

– Juan, mon ami! s'écria-t-il en m'ouvrant les bras, et il me fit entrer aussitôt.

La maison était pleine de bruit. Un enfant pleurait, d'autres jouaient en criant, un chien aboyait joyeusement et, à l'étage, une femme chantait.

Nous allâmes dans son atelier pour parler à notre aise. C'était une grande pièce pas très propre où cinq ou six apprentis copiaient avec application des œuvres religieuses de Maître Murillo lui-même.

Je lui racontai la mort de Paquita et celle de Maîtresse. Je parlai des derniers jours du Maître, et lui contai comment le Roi avait peint la croix de Saint-Jacques sur la poitrine de son autoportrait.

– Et que vas-tu faire maintenant, ami?
– Je pensais chercher un atelier…
– Tu en as un ici.
– J'adorerais travailler ici avec vous, comme autrefois. Mais ma femme…
– Amène-la. Nous avons beaucoup de chambres vides. Tu ne dois pas rester seul pendant tes premières semaines à Séville. Viens chez nous, Juan! Mes enfants te laveront tes pinceaux! Et ici, avec moi, tu pourras peindre autant que tu voudras en sécurité!

Je me rendis compte soudain que je ne lui avais pas encore dit que j'étais libre. Et pourtant, il m'avait fait entrer et m'avait offert sa maison et son atelier.

Je hochai la tête et le remerciai.

— Je vais chercher Lolis, lui dis-je.

Et, en retournant à l'auberge, je pensais à la générosité de Bartolomé et à sa camaraderie candide. Et je pensais que peut-être, un jour que nous aurions fini de travailler et que nous nous reposerions ensemble en buvant un verre de vin — un jour où nos femmes bavarderaient en berçant des enfants dans les chambres du haut —, je lui dirais :

— Bartolomé, le Maître m'a affranchi. Je ne suis plus un esclave.

Et il dirait :

— Vraiment ? C'est bien, ami.

Il serait heureux pour moi. Et je serais heureux que cela n'ait jamais eu pour lui aucune importance, car son amitié était sincère et vraie.

POSTFACE

Quand on raconte une histoire sur des personnages qui ont vraiment existé, il faut inévitablement accrocher beaucoup d'anecdotes inventées, de détails et d'événements sur la fine trame de vérité qui est parvenue jusqu'à nous. La trame des vies de Velázquez et Juan de Pareja est brisée et trouée en bien des points ; on sait, en réalité, très peu de chose sur eux.

Velázquez était un homme exceptionnellement taciturne, même pour un peintre, et on sait que les peintres ne se distinguent pas, en général, par la quantité de lettres qu'ils écrivent, ni de documents, textes et journaux intimes qu'ils laissent après eux. Autant que l'on puisse savoir, il n'y a qu'une seule citation directe, authentique, qui soit restée de lui, et elle est significative, car on le considère aujourd'hui comme le précurseur de l'école réaliste, ainsi que de l'impressionnisme. « Je préfère être le premier pour la peinture de quelque chose de laid que le deuxième dans la peinture de la beauté », a-t-il dit. Effectivement, l'absence d'« embellissement » de ses œuvres est ce qui leur donne aujourd'hui une telle puissance d'évocation, d'expression. Velázquez était un homme qui aimait la vérité, aimait la peindre, et ne se flattait pas de pouvoir l'améliorer.

On sait que Velázquez hérita Juan de Pareja d'un parent de Séville ; on sait qu'il lui donna sa liberté, et de la façon que mon histoire décrit. On sait que le grand portrait de Pareja a été peint par Velázquez en Italie, à l'époque, à peu près, où il faisait le portrait du pape Innocent X.

Certains commentateurs disent que c'est Velázquez lui-même qui envoya Pareja présenter son portrait pour obtenir des commandes à Rome, mais, connaissant l'affection qui unit ces deux hommes toute leur vie, je préfère penser que Pareja rendit ce service à son maître sans le prévenir. Le portrait de Pareja montre un homme intelligent, loyal, fier et tendre ; le seul autoportrait connu de Velázquez (dans *Les Ménines*) le montre distant, détaché, sensible et sobre. Les érudits ont bâti la biographie de bien des peintres sur l'étude de leur œuvre et quelques faits connus. Il me semble donc que, pour un roman, on peut pardonner à l'auteur de donner sa propre interprétation de certains des tableaux qui nous sont parvenus à travers les siècles, les seules « conversations » de Velázquez dont on garde le souvenir.

C'est pourquoi j'ai choisi de croire que le merveilleux portrait de la *Dame à l'éventail* représente réellement la fille du peintre, Francisca (Paquita), qui épousa Juan Bautista del Mazo, élève de son père, et j'ai suggéré ma propre interprétation de la petite fleur rouge qui apparaît – personne ne sait pourquoi – sur sa robe, juste au-dessous du pli de son corsage.

Il est exact que les esclaves, en Espagne, n'avaient pas le droit de pratiquer les arts, et j'ai supposé que Pareja a appris à peindre seul et en secret, car il ne fait aucun doute qu'il devint un artiste accompli dont les tableaux sont aujourd'hui accrochés dans plusieurs musées d'Europe.

Murillo travailla réellement avec Velázquez pendant trois ans environ, dans l'atelier de Madrid. J'imagine que c'était bien l'homme tendre, bon et religieux que ses propres toiles laissent deviner.

L'anecdote de la visite au sculpteur de statues religieuses est basée sur la légende répandue en Espagne du *Cristo de Limpias*, un très beau crucifix où le Christ est représenté en train de mourir sur la croix. On dit qu'un criminel avait été mis en croix (avec son consentement) pour fournir au sculpteur un modèle des moments mêmes de l'agonie.

Velázquez a été fait chevalier par le Roi Philippe IV en 1658, mais on sait que la croix de Saint-Jacques fut peinte sur la poitrine de l'autoportrait de l'artiste (dans *Les Ménines*) par une autre main, après la mort du peintre – quelle main, l'histoire ne le dit pas. J'aimerais croire que c'était celle du Roi, guidée par Juan de Pareja.

Ce dont je suis certaine, c'est des liens de respect profond et d'affection qui unissaient Velázquez à son souverain, et, avec la même force, à son esclave, qu'il affranchit et dont il fit son assistant.

J'espère que l'on pardonnera à mon histoire de Juan de Pareja les libertés que j'ai prises avec des faits connus et les incidents que j'ai inventés. Elle plaira, je l'espère, aux jeunes de races blanche et noire, car l'histoire de Juan de Pareja préfigure, dans la vie de deux hommes, ce que nous essayons de réaliser aujourd'hui à des millions d'exemplaires. Ces deux hommes, qui furent d'abord, dans leur jeunesse, maître et esclave, furent compagnons dans leur âge mur et finirent leur vie en égaux et en amis.

TABLE DES MATIÈRES

    Avant-propos 7
1 Où j'apprends mon alphabet 9
2 Où l'on m'envoie à Madrid 25
3 Où je fais la connaissance de Don Carmelo 35
4 Où je fais mon apprentissage 51
5 Où Rubens visite notre cour 69
6 Où je tombe amoureux 83
7 Où je visite l'Italie 91
8 Où je parle d'une petite fleur rouge 109
9 Où je me fais des amis à la cour 123
10 Où je me confesse 135
11 Où je retourne en Italie 151
12 Où le Maître peint mon portrait 165
13 Où je suis affranchi 179
14 Où je fais de tristes adieux 191
15 Où je trouve un nouveau foyer 203
    Postface 207